Nichtraucher in 6 Wochen

Ein Selbsthilfeprogramm für alle, die das Rauchen aufgeben wollen

Herausgegeben vom
Arbeitskreis Raucherentwöhnung
Leiter: Priv.-Doz. Dr. Anil Batra, Prof. Gerhard Buchkremer
Universitätsklinik für
Psychiatrie und Psychotherapie Tübingen
Osianderstr. 24
D-72076 Tübingen

**Für die Unterstützung
bei der Veröffentlichung bedanken wir uns
bei der Firma Pharmacia GmbH, Erlangen**

2. überarbeitete Auflage

Die Deutsche Bibliothek – CIP-Einheitsaufnahme

Nichtraucher in 6 Wochen: Ein Selbsthilfeprogramm für alle, die das Rauchen aufgeben wollen / Hrsg. vom Arbeitskreis Raucherentwöhnung. Ratingen : Preuss, 1997

ISBN 3-927826-19-7

I Wissenswertes über das Aufhören

II Nichtraucher in 6 Wochen

»Gesundheit ist
zwar nicht alles,
aber ohne Gesundheit
ist alles nichts«
(Arthur Schopenhauer)

Liebe Leserin, lieber Leser !

Herzlichen Glückwunsch zu Ihrem Vorhaben, das Rauchen aufzugeben.

Sie haben sich entschlossen, das Rauchen aufzugeben, weil Sie die negativen Folgen des Rauchens nicht länger in Kauf nehmen möchten. Vielleicht sind es einige der folgenden unangenehmen Konsequenzen des Rauchens, die Ihren Wunsch, Nichtraucher zu werden, unterstützt haben:

- die hohen Gesundheitsrisiken
- die Abhängigkeit
- die Kosten
- das beeinträchtigte Geschmacks- und Geruchsempfinden
- die verminderte körperliche Leistungsfähigkeit

Wenn in diesem Programm oft von den negativen Auswirkungen des Rauchens berichtet wird, so nicht, um Ihnen einen Genuß zu verbieten, sondern um Sie für ein gesundes und genußreiches Leben vorzubereiten.

Um Ihre ureigenste Entscheidung, Nichtraucher zu werden, zu festigen, und Ihnen den Weg zur Abstinenz zu erleichtern, bedarf es vor allem der stetigen Bewußtmachung der Vorteile des Nichtrauchens und der Nachteile des Rauchens. Der Weg zur Abstinenz wird Ihnen dann lohnender erscheinen. Sonst besteht die Gefahr, daß körperliche und psychische Entzugserscheinungen Ihren festen Entschluß, Nichtraucher zu werden, wanken lassen.

Mit diesem Selbsthilfeprogramm können Sie Ihr Ziel, Nichtraucher zu werden und zu bleiben, erreichen.

Lesen Sie dieses Raucherentwöhnungsprogramm aufmerksam!

Das Programm hat sich in zahlreichen wissenschaftlichen Studien als erfolgreiche Entwöhnungsmethode erwiesen. Es berücksichtigt den körperlichen und psychischen Aspekt der Abhängigkeit von der Zigarette. Viele Fachleute haben es entwickelt, getestet und laufend verbessert.

Diese zweite Auflage berücksichtigt einige Neuerungen im Bereich der Pharmakotherapie sowie die Ergebnisse jüngerer Studien zur optimierten, medikamentenunterstützenden Raucherentwöhnung.

Wir wünschen Ihnen bei Ihrer Raucherentwöhnung viel Erfolg!

Wissenswertes über das Aufhören

» Etwas falsch machen,
aber sich nicht bessern,
das erst ist der Fehler «
(Konfuzius)

Kapitel 1

Warum aufhören?

Rauchen und Gesundheit hängen eng zusammen. Die gesundheitsschädlichen Wirkungen des Rauchens wurden mittlerweile in weltweit über 30.000 medizinischen Studien nachgewiesen.

Raucher leiden weitaus häufiger als Nichtraucher an folgenden Krankheiten:

Krebserkrankungen von Mundhöhle, Kehlkopf, Speiseröhre, Nieren, Blase, Darm, Lunge

Arterienverkalkung

Durchblutungsstörungen:
- Gliedmaßen (»Raucherbein«)
- Herzkranzgefäße (Herzinfarktgefahr)
- Hirngefäße (Schlaganfall)

Magen- und Zwölffingerdarmgeschwüre

Lungenentzündung, Bronchitis, Lungenemphysem (übermäßige Erweiterung der Lungenbläschen)

Mit dem Rauchen sind zudem folgende Risiken verbunden:

Rauchende, werdende Mütter gefährden Wachstum und Entwicklung ihres ungeborenen Kindes

Durch »Passivrauchen« (das ungewollte Mitrauchen der Nichtraucher in Gegenwart eines Rauchers) sind Erwachsene und Kinder zusätzlich gefährdet

Wie hängen das Rauchen und diese Erkrankungen zusammen?

Im Tabakrauch sind etwa 4.000 verschiedene Stoffe enthalten. Dazu gehören auch Schadstoffe wie zum Beispiel das Kohlenmonoxid, Benzol, Schwermetalle und einige Nitrosamine. Die Schadstoffe im Tabakrauch schädigen in erster Linie die Atemwege und die Lunge sowie das Herz, den Kreislauf und das Gefäßsystem.

Das im Tabakrauch enthaltene Nicotin ist zwar für die Entwicklung der Abhängigkeit der entscheidendste Faktor, ist aber für die meisten der genannten körperlichen Folgeschäden nicht unmittelbar verantwortlich.

Durch die im Tabakrauch enthaltenen Teere verkleben die Schleimhäute der Atemwege und der Lunge, beide können sich nicht mehr selbst reinigen. Die Lunge versucht sich durch den Hustenreflex zu helfen, es kommt zum Raucherhusten. Gleichzeitig sind die verklebten und geschädigten Schleimhäute sehr viel anfälliger für Infekte, deswegen entwickeln viele Raucher eine chronische Bronchitis. Langfristig können alle diese Schädigungen zusammen zu bösartigen Zellveränderungen in der Lunge führen. Es entsteht Lungenkrebs.

Die Schadstoffe im Tabakrauch schädigen darüber hinaus massiv das Herz-Kreislauf- und das Gefäßsystem. Regelmäßiges Rauchen behindert die Sauerstoffaufnahme in das Blut, dies muß das Herz durch vermehrte Arbeit ausgleichen. Die Herzfrequenz erhöht sich, körperliche Anstrengung führt zu Kurzatmigkeit oder sogar Atemnot. Darüber hinaus führen die Schadstoffe im Tabakrauch zu Ablagerungen in den Blutgefäßen und damit zu einer gefährlichen Verengung der Gefäße (Arteriosklerose). Betroffen sind die Herzkranzgefäße (darum haben Raucher ein höheres Herzinfarktrisiko), die Gefäße des Gehirns (das Schlaganfallrisiko erhöht sich) sowie die Gefäße an Armen und Beinen (Durchblutungsstörungen in den Gliedmaßen).

Haben Sie dies bereits gewußt?

Die sogenannten »tabak-assoziierten Gesundheitsschäden« treten häufig erst nach langer Zeit, oft erst nach Jahrzehnten auf.

Durch das Rauchen gefährdet der Raucher nicht nur seine eigene Gesundheit, sondern auch die Gesundheit der Menschen, die sich regelmäßig in der Umgebung des Rauchers aufhalten. Der Raucher inhaliert vom Rauch seiner Zigarette nämlich nur ein Viertel, den sogenannten Hauptstromrauch. Der überwiegende Teil ist der sog. Nebenstromrauch, der von der glimmenden Zigarettenspitze zwischen den Zügen in die Umgebung abzieht und von den umgebenden Personen passiv mitgeraucht wird. Der Nebenstromrauch enthält z.T. weit höhere Schadstoffkonzentrationen als der Rauch, den der Raucher selbst einatmet. Die Konzentration krebserregender Substanzen ist bis zu 130mal höher als im Hauptstromrauch. Neuere wissenschaftliche Untersuchungen gehen davon aus, daß das »Passivrauchen« unzweifelhaft zu negativen Auswirkungen auf die Gesundheit führt.

- In Deutschland sterben jährlich ca. 110.000 Menschen an den Folgen des Zigaretten-Rauchens.
- Statistiker haben berechnet, daß jede Zigarette die Lebenserwartung eines Rauchers um durchschnittlich fünfeinhalb Minuten verkürzt.

Der legendäre Marlboro-Cowboy hieß mit bürgerlichem Namen Wayne McLaren. McLaren rauchte nicht nur für Werbespots, sondern auch privat etwa 30 Zigaretten pro Tag. Er starb nicht sehr werbewirksam an Lungenkrebs.

Möglicherweise waren Ihnen diese geschilderten Zusammenhänge schon bekannt und Sie haben trotzdem nicht mit dem Rauchen aufgehört. Vielleicht hatten Sie Bedenken, ob Sie es wirklich schaffen können oder ob Sie den Verzicht leisten wollen?

Damit stehen Sie nicht alleine da. Obwohl die meisten Raucher von den Risiken wissen, die sie durch das Rauchen eingehen, hören sie nicht auf zu rauchen. Die Gesundheitsrisiken werden verdrängt oder bewußt eingegangen.

Welches sind aber nun *Ihre* Gründe, die Sie bisher davon abgehalten haben, mit dem Rauchen aufzuhören?

Überprüfen Sie selbst, ob vielleicht einige der folgenden Bedenken, das Rauchen aufzugeben, für Sie zutreffen. Blättern Sie hierzu die folgenden Seiten durch. Sie finden auf jeder Seite ein Argument, weiterzurauchen. Notieren Sie Ihr Gegenargument darunter.

Fällt Ihnen nichts ein?
Dann schauen Sie auf die nächste Seite, vielleicht hilft Ihnen unsere Antwort etwas weiter.

Ich rauche schon so lange.

Meine Gesundheit ist deswegen sowieso schon ruiniert.

Ich kann nichts mehr tun, um möglichen Gesundheitsrisiken entgegenzuwirken.

Das stimmt nicht, weil…

Je früher Sie mit dem Rauchen aufhören, um so geringer ist Ihr Risiko für Folgekrankheiten. Trotzdem lohnt es sich, mit dem Rauchen aufzuhören, auch wenn Sie schon lange rauchen.

Die Rauchfreiheit verbessert Ihre *Lebensqualität* und Ihr gesundheitliches Befinden auch noch nach Jahrzehnten stetigen Tabakkonsums!

Die Schädigungen des Gefäßsystems sind auch nach langem Rauchen reversibel. Nach längerer Abstinenz liegt das Erkrankungsrisiko nicht viel höher als bei gleichaltrigen Personen, die niemals geraucht haben.

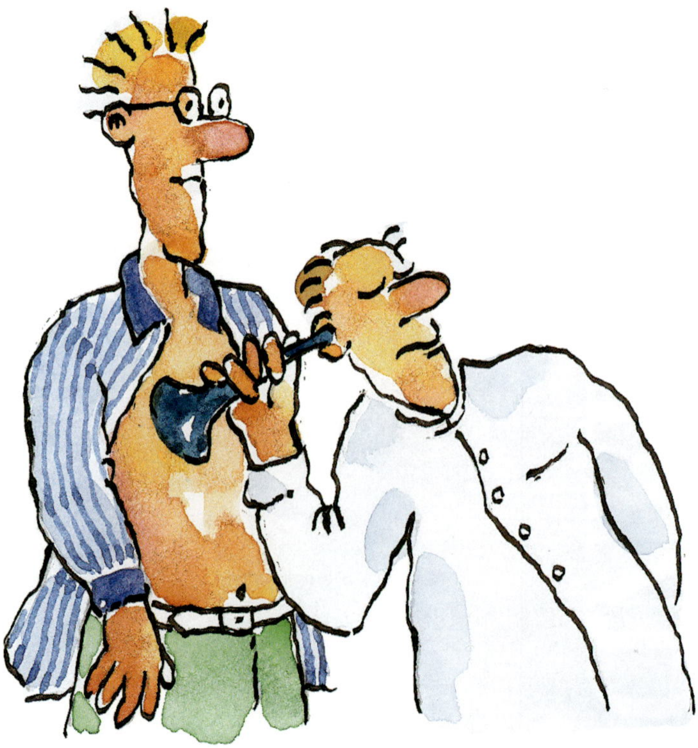

Die amerikanische Krebsgesellschaft hat die kurz- bis langfristigen körperlichen Veränderungen bei einem durchschnittlichen Raucher (ein Päckchen pro Tag) vom Zeitpunkt des Rauchstopps an aufgelistet:

Körperliche Veränderungen nach Beendigung des Rauchens

Nach 20 Minuten
Puls und Blutdruck sinken auf normale Werte, die Körpertemperatur in Händen und Füßen steigt auf die normale Höhe.

Nach 8 Stunden
Der Kohlenmonoxid-Spiegel im Blut sinkt, der Sauerstoffspiegel steigt auf normale Höhe.

Nach 24 Stunden
Das Risiko, einen Herzinfarkt zu bekommen, geht schon von diesem Zeitpunkt an leicht zurück.

Nach 48 Stunden
Die Nervenenden beginnen mit der Regeneration. Geruchs- und Geschmacksorgane verfeinern sich. Sie können wieder besser riechen und schmecken.

Nach 2 Wochen bis 3 Monaten
Der Kreislauf stabilisiert sich. Die Lungenfunktion verbessert sich.

Nach 1 bis 9 Monaten
Hustenanfälle, Verstopfung der Nasen-Nebenhöhlen und Kurzatmigkeit gehen zurück. Die Lunge wird allmählich gereinigt, indem Schleim abgebaut wird. Die Infektionsgefahr verringert sich und körperliche Energiereserven werden vermehrt mobilisiert.

Nach 1 Jahr
Das Risiko einer Koronarinsuffizienz (Sauerstoffmangel des Herzmuskels) sinkt auf die Hälfte des Risikos eines Rauchers.

Nach fünf Jahren
Das Risiko, an Lungenkrebs zu sterben, verringert sich fast um die Hälfte. Das Herzinfarktrisiko sinkt in einem Zeitraum zwischen fünf und 15 Jahren auf das eines Nichtrauchers. Das Krebsrisiko von Mundhöhle, Luft- und Speiseröhre ist nur noch halb so groß wie bei einem Raucher.

Nach 10 Jahren
Das Lungenkrebsrisiko ist weiter gesunken. Es ist nicht mehr höher als bei einem Nichtraucher. Zellen mit Gewebsveränderungen, die als Vorstufe eines Krebses aufzufassen sind, werden ausgeschieden und ersetzt. Das Krebsrisiko von Mundhöhle, Luft- und Speiseröhre, Harnblase, Nieren und Bauchspeicheldrüse sinkt.

Nach 15 Jahren
Das Risiko eines Herzinfarktes ist nicht höher als das eines Nichtrauchers.

Viele Ärzte rauchen selbst und sind somit ein schlechtes Vorbild.

Rauchen kann nicht so schlimm sein, wenn sogar Ärzte rauchen.

Das stimmt nicht, weil…

Auch Ärzte rauchen, dies ist richtig. Und Apotheker rauchen, und Politiker rauchen, und Intellektuelle rauchen, und Lehrer rauchen... Die Sucht macht vor niemandem Halt. Auch nicht vor denen, die doch so genau Bescheid wissen müßten. Und doch sind sich die meisten der Gefährlichkeit Ihres Tuns bewußt. Wieviele davon würden gerne endlich aufhören zu rauchen?

Aber:
Auch wenn Ihr Arzt oder Apotheker es selbst noch nicht geschafft hat, mit dem Rauchen aufzuhören, kann er Ihnen trotzdem als kompetenter Ratgeber zur Seite stehen. Vielleicht kann sich Ihr Arzt gerade deswegen ganz gut in Ihre Situation einfinden und Ihnen gute Verhaltenstipps geben. Es ist hier so wie im Sport: **Nicht jeder gute Trainer ist auch ein guter Spieler.**

Ich bin weniger gefährdet, weil ich eine teer- und nicotinarme Zigarette rauche.

Ich bin schon von filterlosen Zigaretten auf Filterzigaretten umgestiegen, jetzt ist alles nur noch halb so schlimm.

Das stimmt nicht, weil…

Ein schwerwiegender Irrtum!

Der Körper nimmt sich, was er gewohnt ist!
Erfahrungen haben gezeigt, daß Umsteiger von starken auf leichte Zigaretten nachher mehr rauchen oder tiefer inhalieren, um die bisher gewohnte Nicotinzufuhr beizubehalten. Dabei werden dann entsprechend sogar mehr Schadstoffe inhaliert.

Also gilt: Auch eine »light« Zigarette wird von der Gesundheit nicht auf die leichte Schulter genommen. Sie inhalieren beim Rauchen von »light« Zigaretten Kohlenmonoxid, das den Kreislauf schädigt, Teerstoffe, die die Lunge schädigen, Stoffe, die eine Krebsgefahr mit sich bringen usw.

Ich schaffe es nicht, mit dem Rauchen aufzuhören, weil es meine Willenskraft überfordert.

Ich habe es schon so oft vergeblich versucht, das hat bei mir alles gar keinen Sinn.

Ich habe gerade so viele andere Sorgen am Hals, da ist mir dies jetzt zuviel.

Das stimmt nicht, weil…

Eine Raucherentwöhnung ist sicherlich nicht leicht. Ein Rückfall gehört in den Erfahrungsschatz eines jeden Rauchers. Die Erfahrung, wie schwer es ist, auf das Rauchen zu verzichten, ist sogar wichtig, um langfristig die Sucht ablegen zu können. Der Weg zur Abstinenz ist kein lauschiger Spaziergang, sondern eher ein Hürdenlauf. Aber viele hunderttausend Raucher haben diese Hürden übersprungen und sind heute wieder Nichtraucher. **Warum sollten gerade Sie eine Ausnahme sein?**

Und bedenken Sie: eine Sache, die man vor sich herschiebt, wird erfahrungsgemäß nicht leichter!

Der TIPP:
Beginnen Sie Vorhaben, die Sie für nötig erachten, baldmöglichst! Schieben Sie unangenehme Angelegenheiten nicht vor sich her. Verschaffen Sie sich den späteren Genuß, es geschafft zu haben, obwohl es schwer war.

Wenn ich aufhöre zu rauchen, nehme ich zu und werde zu dick.

Das stimmt nicht, weil…

Nun, dies kann stimmen: Es kann tatsächlich sein, daß Sie während der Entwöhnungsphase ein paar Kilo zunehmen.

Dies rührt einerseits daher, daß das Nicotin die Stoffwechselvorgänge künstlich beschleunigt. Es ist also ganz natürlich, daß Sie einige Kilo an Gewicht zulegen, weil das Nicotin in der Zigarette bewirkt, daß Ihr Gewicht niedriger ist als bei einem im Eßverhalten vergleichbaren Nichtraucher. Andererseits haben viele Raucher in der Phase der Entwöhnung ein stärkeres Verlangen nach Süßigkeiten. Die Gefahr ist groß, nach dem Verzicht auf die Zigarette das „Suchtverhalten“ in veränderter Form aufzunehmen: nur wird jetzt statt der Zigarette Süßes in den Mund geschoben. Dies kann durch die Anwendung des Nicotin-Kaugummis unterbunden werden. Die vorübergehende Nicotingabe ersetzt den Griff zu kalorienreichem Süßen und verzögert auch auf diese Weise die Gewichtszunahme. In Woche 3 erhalten Sie Tipps, wie Sie Ihre Ernährung so umgestalten können, daß Sie eine Gewichtszunahme nicht befürchten müssen.

Zur Beruhigung:
Meistens hat sich die Gewichtsproblematik einige Monate nach dem Ende der Entwöhnung wieder entschärft. Studien zeigen, dass Raucher nach etwa zwei Jahren das alte Gewicht wieder erreichen. **Bedenken Sie, daß im übrigen eine kleine Gewichtszunahme weit weniger schädlich ist als das Rauchen.**

Ein TIPP:
Sie können viel gegen eine ungewollte zusätzliche Kalorienaufnahme unternehmen: Denken Sie an die Möglichkeit, kalorienarme Getränke zu sich zu nehmen, den Hunger »zwischendurch« mit Kaugummis oder kalorienarmem Obst oder Gemüse zu bekämpfen… Wir werden an späterer Stelle noch einmal auf dieses Thema zu sprechen kommen.

Rauchen entspannt mich, anders kann ich nicht arbeiten.

Wenn ich nicht rauche, werde ich gleich so nervös, das kann ich niemandem zumuten.

Das stimmt nicht, weil…

Es trifft zu, daß Rauchen bei Streß entspannend wirkt.
Natürliche Entspannungsmethoden sind allerdings viel wirkungsvoller und gesünder. Es ist empfehlenswert, eine solche Entspannungsmethode begleitend zu diesem Entwöhnungsprogramm durchzuführen.

Ein TIPP:
Erkundigen Sie sich bei Ihrer Volkshochschule oder Krankenkasse nach entsprechenden Angeboten. Meistens werden das Autogene Training oder ein Muskelentspannungsverfahren nach Jacobson angeboten. Beide sind sehr empfehlenswert.
In diesem Programm wird Ihnen das Muskelentspannungsverfahren nach Jacobson in Grundzügen vorgestellt. Nutzen Sie die Chance, dies später noch zu vertiefen und anzuwenden!

... um es vorwegzunehmen: dies stimmt natürlich.
Von PD Dr. Karl Olov Fagerström, einem Psychologen und weltweit anerkannten Experten auf dem Gebiet der Raucherentwöhnung aus Schweden, wurde folgender Test entwickelt, um die Stärke der Abhängigkeit bei Rauchern zu messen. Gehen Sie die Fragen einfach der Reihe nach durch und addieren Sie die Punkte, die auf Sie zutreffen - am Schluß finden Sie die Auswertung.

FAGERSTRÖM TEST ZUR ERMITTLUNG DER ZIGARETTENABHÄNGIGKEIT

Wann nach dem Aufwachen rauchen Sie ihre erste Zigarette?

Innerhalb von 5 Minuten	3 Punkte
Innerhalb von 6-30 Minuten	2 Punkte
Innerhalb von 31-60 Minuten	1 Punkt
Nach 60 Minuten	0 Punkte

Finden Sie es schwierig, an Orten, wo das Rauchen verboten ist, das Rauchen sein zu lassen?

Ja	1 Punkt
Nein	0 Punkte

Zwischensumme (auf Seite 28 übertragen): ______ Punkte

Zwischensumme von Seite 27:	______	Punkte

Auf welche Zigarette würden Sie nicht verzichten wollen?

Die erste am Morgen	■	1 Punkt
Andere	■	0 Punkte

Wieviele Zigaretten rauchen Sie im allgemeinen pro Tag?

Bis 10	■	0 Punkte
11-20	■	1 Punkt
21-30	■	2 Punkte
Mehr als 30	■	3 Punkte

Rauchen Sie am frühen Morgen im allgemeinen mehr als am Rest des Tages?

Ja	■	1 Punkt
Nein	■	0 Punkte

Kommt es vor, daß Sie rauchen, wenn Sie krank sind und tagsüber im Bett bleiben müssen?

Ja	■	1 Punkt
Nein	■	0 Punkte

GESAMT	______	Punkte

Mit freundlicher Genehmigung von
Priv.-Doz. Dr. Karl Olov Fagerström, Schweden

Wieviele Punkte haben Sie erreicht?

0 - 2 Punkte:
Dies spricht für eine geringe Abhängigkeit. Sie rauchen wenig und nur bei besonderen Gelegenheiten. Trotzdem sollten Sie künftig auf das Rauchen verzichten. Oft gelingt es Rauchern in diesem Stadium noch, durch eine einfache Willensentscheidung auf das Rauchen zu verzichten, aber auch Ihnen kann schon diese »Anleitung zum Nichtraucher in sechs Wochen« behilflich sein, Ihren Vorsatz erfolgreich umzusetzen. Sollten Sie trotz Ihrer geringen Abhängigkeit ohne Hilfsmittel nicht auf die Zigarette verzichten können, könnten Sie zusätzlich das 2 mg-Kaugummi einsetzen.

3 - 5 Punkte:
Bereits das Vorliegen einer mittleren Abhängigkeit spricht für die Verwendung einer Entwöhnungshilfe. Sowohl das Nicotin-Kaugummi als auch das Nicotin-Pflaster sind hierfür geeignet. Bei einem unregelmäßigen Konsumverhalten und einem Tageszigarettenkonsum von 10 bis 20 Zigaretten empfehlen wir die Anwendung des Nicotin-Kaugummis 2 mg, bei über 20 Zigaretten täglich besser das 4 mg Nicotin-Kaugummi. Bei einem gleichmäßigen Konsum ist eher zum Nicotin-Pflaster zu raten. Sie sollten zudem dieses Buch zur Hilfe nehmen – Sie haben dann sehr gute Aussichten, dadurch langfristig rauchfrei zu bleiben.

6 - 7 Punkte:
Bei Ihnen liegt eine ausgeprägtere Abhängigkeit vor. Der Einsatz von Nicotin-Pflaster oder die Verwendung des 4 mg-Kaugummis sind dringend anzuraten. Bei bleibenden Entzugserscheinungen kann auch das Nicotin-Nasal-Spray angewandt werden. Arbeiten Sie dieses Programm sorgfältig durch!

8 - 10 Punkte:
Gleiches gilt für die sehr starke Abhängigkeit. Bei einer starken Abhängigkeit ist mit einer hohen Wahrscheinlichkeit mit Entzugssymptomen zu rechnen. Verwenden Sie das Nicotin-Nasal-Spray, das sich bei starken Rauchern als effektiv erwiesen hat. Wir empfehlen auch die Kombination von Nicotin-Pflaster und Nicotin-Kaugummi, alternativ auch die Anwendung von Nicotin-Pflaster und Nicotin-Nasal-Spray. Lassen Sie sich nie entmutigen, beherzigen Sie die Ratschläge in diesem Buch – arbeiten Sie das Programm sorgfältig durch! Auch Sie können die Abhängigkeit von Zigaretten überwinden!

Ist das Wissen um die Stärke Ihrer Abhängigkeit eine zusätzliche Motivation, das Rauchen endgültig aufzugeben?

Haben Sie nun für sich klären können, warum es sich lohnt, mit dem Rauchen aufzuhören?

Rekapitulieren Sie jetzt noch einmal Ihre Motive, das Rauchen aufzugeben und tragen Sie sie in die folgende Tabelle ein!

Meine Nichtraucher-motive:

Vielleicht treffen von den folgenden Gründen auch einige auf Sie zu, übernehmen Sie diese doch einfach in Ihre Tabelle:

- Meine sportliche Fitneß verbessert sich.
- Meine Familie und Kollegen werden keinem Risiko durch »Passivrauchen« mehr ausgesetzt.
- Ich werde meiner Vorbildfunktion von meinen Kindern/ Angehörigen wieder gerecht
- Der sklavische Zwang, zur Zigarette greifen zu müssen, ist für mich beendet.
- Ich vermeide Gesundheitsrisiken.
- Meine Lebenserwartung steigt wieder an.
- Mein Geruchs- und Geschmacksempfinden verfeinert sich.
- Ich spare Geld.
- Ich werde das Gefühl los, vom Rauchen abhängig zu sein.

Überdenken Sie jetzt auch noch einmal kritisch Ihre Gründe für das Weiterrauchen. Widerlegen Sie ihre scheinbare Plausibilität. Diskutieren Sie die kritischen Punkte ruhig auch einmal mit anderen Rauchern, lassen Sie sich von Personen Ihres Vertrauens beraten.

Wenn Sie schließlich zu dem Ergebnis gekommen sein sollten, es sei besser, den entscheidenden Schritt zum Nichtraucher jetzt zu wagen, versuchen Sie doch Ihre Antwort auf die Frage »Warum aufhören?« in einem prägnanten Satz zu formulieren. Darin sollte Ihr wesentlicher Beweggrund enthalten sein.

Schreiben Sie diesen Satz mit einem farbigen Filzstift auf einen großen Zettel und hängen Sie ihn beispielsweise an Ihre Wohnungseingangstür oder in das Badezimmer. So werden Sie täglich daran erinnert, warum Sie mit dem Rauchen aufhören wollen. Zum Beispiel:

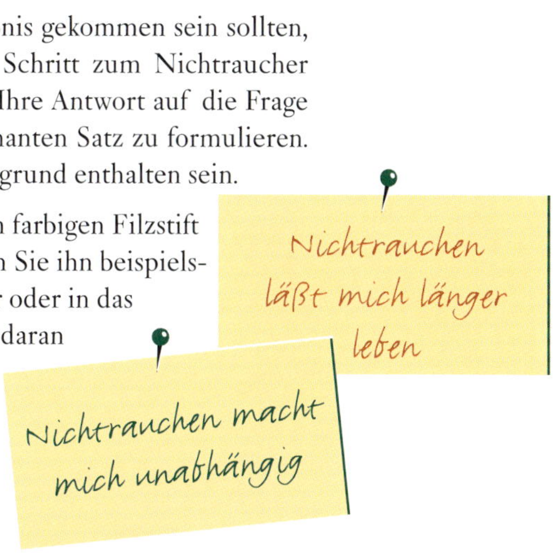

Formulieren Sie hier Ihren persönlichen Nichtrauchersatz:

Die theoretischen Grundlagen des Raucherentwöhnungsprogramms

» Ich wünschte, ich hätte
mit allem früher angefangen.
Dann würde es länger dauern «
(Isabella Rosselini)

Bevor es richtig losgeht, wollen wir Sie ein wenig hinter die Kulissen blicken lassen. Die folgenden Seiten geben Ihnen wichtige Informationen zum Verständnis der »Tabakabhängigkeit« und zu den Richtlinien, die einem Entwöhnungsprogramm wie diesem zugrunde liegen.

Regelmäßiges Rauchen macht abhängig. Daß dies so ist, haben Sie selbst wahrscheinlich schon oft bemerkt.

- Vielleicht, weil Sie in vielen Situationen ein starkes Verlangen nach einer Zigarette spüren, das erst verschwindet, wenn Sie sich eine angesteckt haben?
- Vielleicht daran, daß Sie mit schlechtem Gewissen rauchen und eigentlich lieber aufhören wollen?
- Vielleicht, weil Sie schon mehrfach versucht haben, aufzuhören, es aber nicht geschafft haben?
- Möglicherweise aber auch daran, daß Sie sich ganz einfach körperlich schlecht fühlen, wenn Sie längere Zeit nicht geraucht haben?

Was aber bedeutet Abhängigkeit von der Zigarette?

Wir können davon ausgehen, daß die Abhängigkeit zwei Komponenten hat. Einerseits eine **psychische Abhängigkeit**, die sich darin äußert, daß das Rauchen zu einer schwer verzichtbaren Gewohnheit geworden ist. Andererseits liegt dem Rauchverhalten auch oft eine **körperliche Abhängigkeit** zugrunde, die sich im Auftreten von Entzugserscheinungen bei Entwöhnungsversuchen zeigt.

Ein erfolgreiches Entwöhnungsprogramm sollte beide Teile der Abhängigkeit berücksichtigen, damit es Ihnen nicht so geht wie dem amerikanischen Schriftsteller Mark Twain, der einmal gesagt haben soll:

»Das Rauchen aufzugeben ist nicht schwer.
Ich habe es über hundert Mal gemacht.«

Das vorliegende Raucherentwöhnungsprogramm basiert auf einem Konzept, das die beiden Abhängigkeitsanteile getrennt behandelt. Es besteht aus einem verhaltenstherapeutischen Selbstkontrollprogramm (**„Verhaltenstherapie“**) und der An-

wendung einer Nicotinersatztherapie. Diese steht mittlerweile wahlweise in Form von Nicotin-Kaugummi, Nicotin-Pflaster oder Nicotin-Nasal-Spray zur Verfügung. Zugelassen sind außerdem in einigen Ländern, u.a. auch in Deutschland, wenngleich es hier noch nicht erhältlich ist, Nicotin-Tabletten und ein Nicotin-Inhalator.
Vor einiger Zeit wurde außerdem auch eine weitere medikamentöse Behandlung auf den Markt gebracht. Die Behandlung mit Bupropion wird allerdings nicht als Bestandteil dieses Selbsthilfeprogramms eingeführt, da dieses Medikament rezeptpflichtig ist und vor seiner Verordnung erst sichergestellt werden muß, daß keine Gegenanzeigen gegen die Verwendung bestehen.
Das verhaltenstherapeutische Selbstkontrollprogramm hilft Ihnen, die psychische Abhängigkeit zu überwinden. Die Nicotinersatztherapie soll Ihnen den körperlichen Entzug erleichtern.

Zur psychischen Abhängigkeit

Zigarettenrauchen ist, wie die meisten unserer Lebensgewohnheiten, ein *erlerntes* Verhalten. Wie können Sie das feststellen? Beantworten Sie für sich einmal die folgenden Fragen:

Warum haben Sie mit dem Rauchen angefangen?
Vielleicht waren Sie als Jugendlicher in einer Gruppe, in der es einfach wichtig war zu rauchen, um dazuzugehören. Vielleicht war es bei Ihnen zu Hause einfach klar, daß man als ordentlicher Mann zu rauchen hat.
Vielleicht haben Sie als junge Frau gerade deswegen angefangen zu rauchen, weil »es sich nicht gehörte« und deswegen besonders spannend war.

Und wie sieht es jetzt aus?
Wenn Sie sich beobachten, werden Sie feststellen, daß Sie in ganz bestimmten Situationen zur Zigarette greifen:
So kann z.B. das Treffen eines Freundes bei einem Stadtbummel die Lust auf eine Zigarette entfachen. Auch eine gemütliche Feierabendstimmung mit Fernsehen und Bier kann das Verlan-

gen nach einer Zigarette auslösen. Häufig wird auch nach dem Essen geraucht, um sich wieder geistig mobil zu machen.

Es gibt eine große Fülle von Situationen, die das Rauchen auslösen können: Kinowerbung, Gespräche, Arbeit, Streß, Autofahren, Geselligkeit, rauchende Freunde usw. Oft bewirken diese Situationen den Griff zur Zigarette, ohne daß es Ihnen auffällt. Diese Unbewußtheit und die große Mannigfaltigkeit von Situationen führen zu automatischem und scheinbar unkontrollierbarem Rauchen.

Rauchen wird auch deswegen zu einer zähen Gewohnheit, weil es meist kurzfristige positive Konsequenzen hat. Viele Raucher bewerten das Rauchen als genußreich, konzentrationsfördernd, entspannungsfördernd oder streßreduzierend.

Leider lassen wir uns in unserem Verhalten häufig von den kurzfristig angenehmen Folgen leiten und ignorieren die negativen Spätfolgen. Wir sind recht erfinderisch, wenn es darum geht, diese Auswirkungen unseres Verhaltens zu verdrängen oder zu verniedlichen. Deshalb wird so oft weitergeraucht, obwohl die gesundheitlichen Folgen zumeist bekannt sind.

Aus der Lernpsychologie weiß man, daß kurzfristige positive Folgen auf ein gezeigtes Verhalten die Häufigkeit dieses Verhaltens erhöhen. Negative Konsequenzen führen hingegen zu einer Unterdrückung dieses Verhaltens, ein Beispiel:

→ Wenn Sie an einen elektrisch geladenen Weidezaun fassen, werden Sie dieses Verhalten künftig unterlassen.

Wichtig ist allerdings noch die *zeitliche Beziehung* des Verhaltens zu den Konsequenzen. Kurzfristige Konsequenzen beeinflussen das Verhalten stärker als langfristige:

→ Die entspannende Wirkung einer Zigarette in einer Streßsituation ist eine positive kurzfristige Konsequenz, die das Rauchverhalten stärker reguliert, als die langfristigen möglichen negativen Auswirkungen des Rauchens, wie z.B. Lungenkrebs.

Das folgende Beispiel soll Ihnen die Verkettung von Reiz, Rauchverhalten und Konsequenzen anschaulich machen:

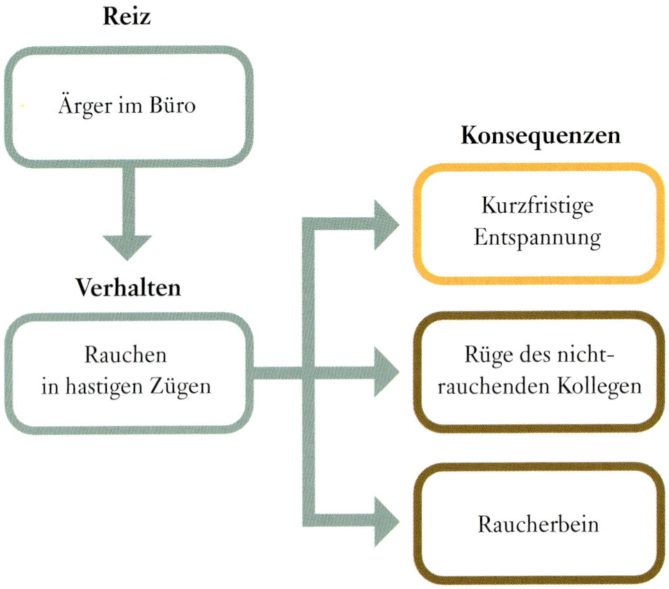

Wenn es uns gelingt, die beschriebenen Mechanismen unseres Verhaltens zu durchschauen, können wir das Rauchverhalten durch das Erlernen neuer Verhaltensweisen wieder aufgeben. Das Rauchen wird „überlernt" bzw. das Nichtrauchen neu erlernt. Diese Erkenntnisse der Lernpsychologie sollen Sie sich in diesem Raucherentwöhnungsprogramm zunutze machen.

Das Neulernen des Nichtrauchens erfolgt in drei Schritten:

1. Sie beobachten Ihr Rauchverhalten und werden sich Ihrer persönlichen Rauchsituationen bewußt:
Wo rauche ich? Wann? Wieviel? Wann besonders?
Warum gerade dann?

2. Sie bestimmen einen Termin, an dem Sie aufhören zu rauchen. Sie nutzen ihre Beobachtungen aus Schritt 1 und überlegen sich Alternativen zum Rauchen in besonders schwierigen Situationen.

Nicht eingehaltene Vorsätze sollten unangenehme Verpflichtungen nach sich ziehen. Sie belohnen sich aber auch für ihre Erfolge. So wird das Nichtrauchen gefördert. Der Weg zur Abstinenz wird für Sie auf diese Weise angenehmer. Es ist so wie bei einer Bergwanderung, bei der die beschwerliche Anstrengung deswegen gerne in Kauf genommen wird, weil man durch schöne Ausblicke, erquickliche Rastpausen und die Zufriedenheit, eine anstrengende Etappe geschafft zu haben, reichlich entlohnt wird.

Das Neulernen des Nichtrauchens wird zusätzlich dadurch angeregt, daß Sie sich während der Entwöhnung *immer wieder die von Ihnen erwarteten positiven Auswirkungen des Nicht-mehr-Rauchens vor Augen halten.* Dies stärkt Ihre Entwöhnungsmotivation. Je größer Ihre Entwöhnungsmotivation, desto gewisser ist Ihnen der Erfolg!

Desweiteren lernen Sie, nicht zu rauchen und stattdessen eine alternative Verhaltensweise zu praktizieren. Statt z.B. in einer Streßsituation zu rauchen, um sich zu entspannen, wenden Sie eine Entspannungsmethode an. Im Verlauf des Programms werden Sie Gelegenheit haben, eine Entspannungstechnik in ihren Grundzügen zu lernen.

3. Sie lernen, wie Sie ihre Abstinenz langfristig stabilisieren und mit möglichen Rückfällen konstruktiv umgehen können.

Zur körperlichen Abhängigkeit

Auch Ihr Körper hat sich inzwischen an das Nicotin in den Zigaretten gewöhnt. Wenn Sie weniger rauchen bzw. abstinent geworden sind, werden Sie vielleicht für einige Zeit an Nicotinentzugserscheinungen leiden, die in der Regel nach einigen Tagen bis wenigen Wochen wieder abklingen. Diese Entzugssymptome, die bei allen Rauchern nach Nicotinentzug in unterschiedlicher Stärke auftreten, können den Entwöhnungsprozeß allerdings erheblich erschweren.

Solche Entzugssymptome können unter anderem sein:

- Mißstimmungen oder depressive Verstimmungen
- Frustration, Ärger oder vermehrte Störbarkeit
- Angst
- Konzentrationsstörungen
- Unruhe
- Schlaflosigkeit
- reduzierte Herzfrequenz
- gesteigerter Appetit und Gewichtszunahme
- Verdauungsstörungen
- starkes Verlangen nach einer Zigarette

Der Einsatz von Nicotin zur Milderung der Entzugssymptome

Um eine erfolgreiche Entwöhnung zu gewährleisten, müssen deswegen neben den psychischen Komponenten der Abhängigkeit auch die körperlichen Komponenten berücksichtigt werden. In diesem Zusammenhang wurden Entwöhnungshilfen entwickelt, die dem Körper Nicotin zuführen. Dieses Nicotin ersetzt das Nicotin der Zigarette und mildert die beschriebenen Entzugssymptome entscheidend. Dadurch wird Ihnen der Entwöhnungsprozeß erheblich erleichtert und die Rückfallgefahr weiter gesenkt.

Als nicotinhaltige Entwöhnungsmittel stehen Ihnen zur Zeit das Nicotin-Kaugummi, Nicotin-Pflaster sowie das Nicotin-Nasal-Spray zur Verfügung. Alle Produkte sind in der Apotheke erhältlich. Während das Nicotin-Kaugummi und das Nicotin-Pflaster rezeptfrei erhältlich sind, benötigen Sie für das Nasal-Spray ein Rezept. Diese verschiedenen Nicotinersatztherapeutika bringen Ihnen folgenden Nutzen:

Alle Nicotinersatztherapeutika erhalten nur Nicotin. Sie ersetzen das Nicotin, das Sie sich sonst „errauchen" würden. Die gesundheitsgefährdenden Schadstoffe im Tabakrauch fallen dagegen gänzlich weg.

Nicotin-Kaugummi, Pflaster und Nasal-Spray nehmen Ihnen die Angst vor dem Nicotinentzug. Die Entzugserscheinungen werden deutlich gemildert.

Alle Medikamente sind in der empfohlenen Dosierung gut bis sehr gut verträglich.

Im folgenden wird die Wirkungsweise und die Anwendung von Nicotinersatzmitteln, Kaugummi, Pflaster und Nasal-Spray beschrieben. Anschließend erhalten Sie Richtlinien, anhand derer Sie entscheiden können, welche der Möglichkeiten für Sie am besten geeignet ist.

Anwendung und Wirkungsweise des Nicotin-Kaugummis

Beim Kauen des Nicotin-Kaugummis wird Nicotin freigesetzt und durch die Mundschleimhaut aufgenommen. Durch den so entstehenden Nicotinspiegel im Körper werden die Entzugssymptome sofort abgemildert. Das Nicotin-Kaugummi kann regelmäßig, aber auch immer dann angewendet werden, wenn starkes Rauchverlangen oder andere Entzugserscheinungen auftreten.

Bei der Anwendung des Nicotin-Kaugummis ist es wichtig, das Kaugummi etwa 30 Minuten mit Pausen *langsam* zu kauen, damit sich das gesamte Nicotin aus dem Kaugummi löst.

»Parken« Sie das Kaugummi für eine Weile in der Wangentasche, wenn Sie bemerken, daß der Geschmack intensiver wird. Dies ist ein Zeichen dafür, daß genügend Nicotin freigesetzt wurde.

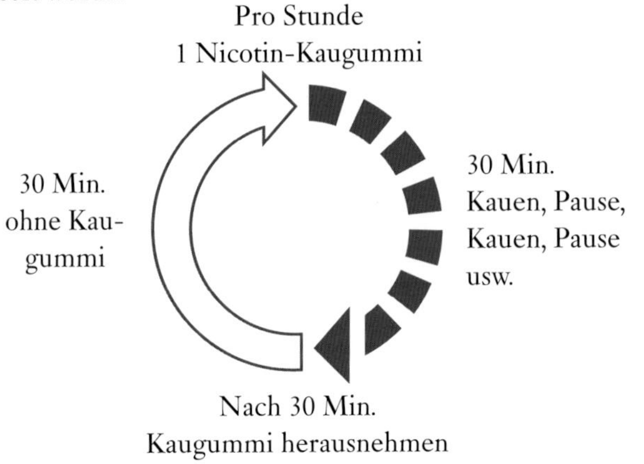

Das Nicotin-Kaugummi ist im allgemeinen sehr gut verträglich und seine Wirksamkeit ist in zahlreichen klinischen Studien belegt worden.

Das Nicotin-Kaugummi steht in zwei Stärken zur Verfügung: 2 mg sowie 4 mg. Im Normalfall genügt es, das 2 mg-Kaugummi zu verwenden, das in der Apotheke erhältlich ist. Das 4 mg-Kaugummi ist für starke, abhängige Raucher (Fagerström-Test 6 bis 10 Punkte oder mehr als 20 Zigaretten am Tag) zu empfehlen. Sie sollten es aber auch einsetzen, wenn das 2 mg-Kaugummi Ihr Rauchverlangen nicht ausreichend reduzieren konnte.

Im Regelfall sollte ein Kaugummi pro Stunde gekaut werden (maximal 16 Stück am Tag). Um eine ausreichende Nicotinzufuhr zu gewährleisten, werden 8-12 Kaugummis täglich empfohlen. Nach 6-8 Wochen sollte sich die durchschnittliche Dosis schrittweise reduzieren. Nach 3 Monaten haben Sie sich dann gänzlich vom Nicotin entwöhnt. Für Notfälle sollten Sie noch eine Zeitlang ein Nicotin-Kaugummi mit sich tragen, Sie können es auch später noch in Verlangenssituationen problemlos einsetzen.

**Verwenden Sie das Kaugummi dann,
wenn Sie nicht rauchen.**

Wirkungsweise und Anwendung des Nicotin-Pflasters

Wenn Sie das Pflaster anwenden, wird dem Körper durch die Haut kontinuierlich Nicotin zugeführt. Auf diese Weise besteht über den gesamten Tag ein konstanter Nicotinspiegel im Körper. Dadurch ist eine entscheidende Abmilderung der Entzugssymptome gewährleistet.

Das Nicotin-Pflaster wird auf die Haut geklebt. Täglich soll morgens nach dem Aufstehen ein Pflaster zur Anwendung kommen. Kleben Sie es auf eine möglichst trockene, unbehaarte Körperstelle im Bereich des Oberkörpers, der Hüfte oder an den Oberarmen. Variieren Sie die Hautstelle, auf die Sie das Pflaster kleben. Nehmen Sie das Pflaster beim Baden und in der Sauna vorübergehend ab.

Das Pflaster steht in verschiedenen Stärken zur Verfügung. Starten Sie mit der stärksten Dosierung für 6-12 Wochen. Wechseln Sie dann für jeweils 2-3 Wochen auf die nächst niedrigere Dosierung. So entwöhnen Sie Ihren Körper allmählich vom Nicotin. Auch hier gilt:

**Setzen Sie das Pflaster dann ein,
wenn Sie das Rauchen eingestellt haben.**

Die Wirksamkeit und die Verträglichkeit ist in zahlreichen wissenschaftlichen Studien überprüft worden. Es besteht die Möglichkeit, daß das Pflaster manchmal zu Jucken und Hautrötungen führen kann, die aber nicht besorgniserregend sind. Pflasterallergien, die sich in unangenehmen Hautausschlägen äußern, sind sehr selten. In diesem Fall sollten Sie das Pflaster nicht tragen.

Lesen Sie vor der Anwendung die Packungsbeilage und wenden Sie sich bei Fragen an Ihren Arzt oder Apotheker.

Wirkungsweise und Anwendung des Nicotin-Nasal-Sprays

Das Nicotin-Nasal-Spray bietet die Möglichkeit, das Nicotin noch höherdosiert und schneller zuzuführen, als Nicotin-Pflaster oder Nicotin-Kaugummi. Dies ist insbesondere für stark abhängige Raucher (Fagerström-Wert 6 bis 10 Punkte, Konsum von mehr als 20 Zigaretten pro Tag) eine gute Möglichkeit, das Rauchverlangen wirksam zu reduzieren. Beim Nicotin-Nasal-Spray wird mittels zweier Sprühanwendungen (in jedes Nasenloch ein Sprühstoß) die Nicotinmenge aus einer Zigarette ersetzt. Nicotin-Nasal-Spray wird über die Nasenschleimhäute aufgenommen, der Wirkeintritt erfolgt innerhalb weniger Minuten. Allerdings ist damit zumindest am Anfang eine intensive Reizung der Nasenschleimhaut verbunden, an die Sie sich jedoch mit mehreren Anwendungen gewöhnen können. Erschrecken Sie nicht, wenn die ersten Anwendungen sehr unangenehm sind, wenn es heftig brennt und die Nase läuft, die Augen tränen. Dies ist auf die Wirkung des Nicotins auf die Gefäße und die Nasenschleimhaut zurückzuführen. Es ist nicht bedenklich. Die richtige Anwendung sieht vor, daß Sie fest nach Schema dosieren. Am Anfang sollten Sie maximal ein bis zwei Anwendungen pro Stunde vornehmen, innerhalb von acht bis zwölf Wochen sollten Sie die Anwendung des Nicotin-Nasal-Sprays wieder langsam reduzieren und dann beendet haben.

Verwenden Sie das Nicotin-Nasal-Spray dann, wenn Sie das Rauchen eingestellt haben.

Die Wirksamkeit und die Verträglichkeit des Nicotin-Nasal-Sprays ist ebenfalls in zahlreichen wissenschaftlichen Untersuchungen bestätigt worden. Insbesondere bei stark abhängigen Rauchern erweist es sich als deutlich wirkungsvoller als die anderen Verfahren.

Beachten Sie, daß die raschere Verfügbarkeit des Nicotins unmittelbar nach Anwendung des Nicotin-Nasal-Sprays auch die Gefahr der Fortführung der Abhängigkeit mit sich bringen könnte.

Aus diesem Grund ist die Reduktion der Tagesdosierung konsequent vorzunehmen. Sollte Nicotin-Nasal-Spray jedoch die Alternative zur Zigarette sein, so ist dies immer noch das geringere Übel!

Lesen Sie vor der Anwendung die Packungsbeilage und wenden sich bei Fragen an Ihren Arzt oder Apotheker. Das Nicotin-Nasal-Spray ist rezeptpflichtig.

Nicotin-Kaugummi, Nicotin-Pflaster, Nicotin-Nasal-Spray oder eine Kombinationsbehandlung?

Wie können Sie entscheiden, ob das Nicotin-Pflaster, das Nicotin-Kaugummi oder das Nicotin-Nasal-Spray für Sie die geeignete Möglichkeit ist? Als Richtschnur für die Entscheidung kann Ihr bisheriges Rauchverhalten gelten.

Sie können den bereits ausgefüllten Fagerström-Test für Ihre Zigarettenabhängigkeit als Richtlinie für die Verwendung nehmen:
Wenn Sie beim Fagerström-Test 0 bis 2 Punkte erzielen, so kommen Sie in der Regel ohne Nicotinersatz gut aus. Sollten Sie dennoch unter Entzugssymptomen leiden oder den Tabakentzug befürchten, so setzen Sie am besten das Nicotin-Kaugummi in seiner Stärke von 2 mg ein. Wenn Sie zwischen 3 und 5 Punkte erzielen, so sollten Sie auf alle Fälle Nicotin-Kaugummi (2 mg oder 4 mg) oder aber zum Nicotin-Pflaster, beginnend bei seiner höchsten Stufe, greifen. Bei Werten zwischen 6 und 7 Punkten ist zum einen der Einsatz von Nicotin-Nasal-Spray erfolgversprechend, zum anderen bietet sich insbesondere wie bei einer sehr starken Abhängigkeit (Fagerström-Wert 8 bis 10 Punkte) eine Kombination von Nicotin-Pflaster und Nicotin-Kaugummi oder Nicotin-Nasal-Spray an.

Wenn Sie gleichmäßig über den gesamten Tag verteilt rauchen, wenn Sie vor allem deswegen rauchen, weil Sie merken, wie der Nicotinspiegel im Körper abfällt, dann erscheint das Nicotin-Pflaster für Sie geeignet.

Da das Nicotin-Pflaster üblicherweise am Tag getragen wird, steht Ihnen ein kontinuierlicher, gleichmäßiger Nicotinspiegel zur Verfügung. Wie bei Ihrem »natürlichen« Rauchverhalten wird das Nicotin über Nacht im wesentlichen abgebaut. (Abb. A)

Nicotinspiegel im Blut
(schematische Darstellung)

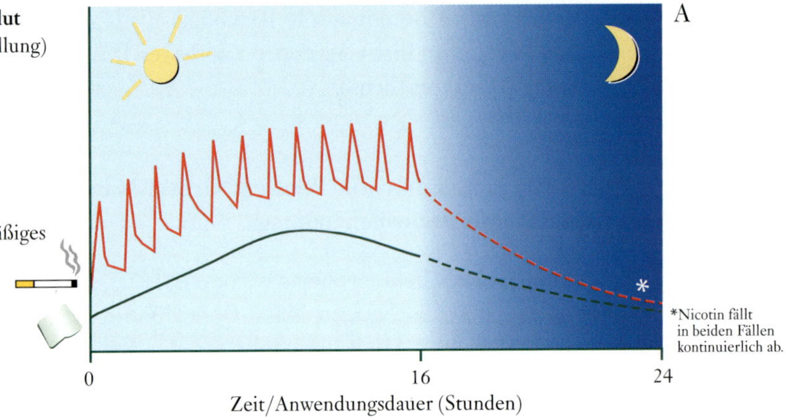

Wenn Sie dagegen unregelmäßig, vor allem in bestimmten Situationen rauchen, dann ist das Nicotin-Kaugummi in seiner Dosierung von 2 mg oder 4 mg, je nach der Anzahl Ihrer täglich gerauchten Zigaretten bzw. nach der Stärke Ihrer Tabakabhängigkeit, für Sie geeignet.
Gerade bei Rauchern, die in gewissen Momenten, z.B. beim Café-Besuch oder während einer Feier, zu schubweisem Rauchen neigen, empfiehlt sich das Nicotin-Kaugummi. Das Nicotin-Kaugummi deckt Ihren Nicotinbedarf für 1 Stunde. Es kann daher leichter in kritischen Situationen angewendet werden und hat den Vorteil der schnelleren Verfügbarkeit. (Abb. B)

Wenn Sie Gebißträger sind, ist das Nicotin-Pflaster zu bevorzugen, auch dann, wenn Sie an Magen-Darm-Erkrankungen leiden.

Dagegen ist das Nicotin-Kaugummi vorzuziehen, wenn es unter der Anwendung des Nicotin-Pflasters zu Hautreaktionen kommt, oder Sie eine Hautkrankheit haben, die die Pflasteranwendung unmöglich macht.

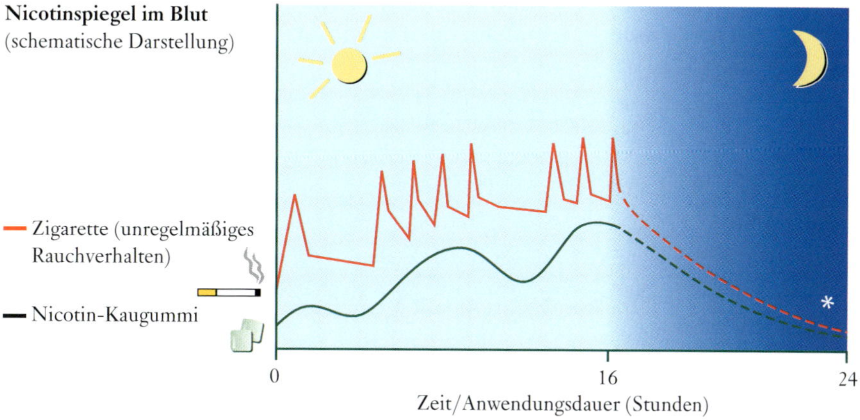

Natürlich ist es darüber hinaus auch Ihre persönliche Entscheidung: Sollten Sie eher eine aktive Form des Nicotinersatzes wünschen, dann können Sie sich für das Kaugummi entscheiden. Wenn Ihnen eine passivere Darreichungsform angenehmer erscheint, dann verwenden Sie das Nicotin-Pflaster.

Die Kombination von Nicotin-Pflaster und Nicotin-Kaugummi bzw. Nicotin-Pflaster und Nicotin-Nasal-Spray ist nur unter bestimmten Bedingungen sinnvoll:

Sie haben bisher sehr hohe Mengen an Zigaretten konsumiert, haben einen hohen Wert auch in dem Fagerström-Test und erleben trotz der Substitution mit Nicotin-Pflaster immer wieder heftige Verlangensattacken. Je nach persönlicher Vorliebe kann dann zusätzlich Nicotin-Nasal-Spray oder aber Nicotin-Kaugummi angewendet werden. Beachten Sie die Empfehlungen für die Einzelprodukte. Stellen Sie auch sicher, daß Sie Nicotin-Kaugummi oder Nicotin-Nasal-Spray nicht in der maximalen Dosierung einsetzen, sondern geringere Tagesdosierungen verwenden, als wenn Sie dieses Produkt alleine anwenden würden.

Lassen Sie sich, wenn Sie unsicher sind, ob das Pflaster oder das Kaugummi für Sie geeignet ist, von Ihrem Arzt oder Apotheker beraten.

Für alle Nicotinersatzmöglichkeiten gilt der in wissenschaftlichen Studien ermittelte Zusammenhang:

Bei konsequenter Anwendung verdoppeln sich die Chancen, zum Nichtraucher zu werden.

Die Kombination von Verhaltenstherapie und Nicotinersatztherapie hat sich in zahlreichen wissenschaftlichen Studien als eine der erfolgreichsten Raucherentwöhnungsmethoden erwiesen.

Bitte beachten Sie:

Alle Nicotinersatzprodukte sollten Sie erst einsetzen, wenn Sie das Rauchen eingestellt haben. Wenn Sie trotzdem weiter rauchen, ist eine Überdosierung nicht auszuschließen. Eine Überdosierung erkennen Sie an folgenden Symptomen: ungewohnte Kopfschmerzen, Schwindel, Übelkeit, Schweißausbrüche, Mattigkeit, vermehrter Speichelfluß, Zittern, Herzklopfen, Stuhldrang und Erbrechen. Diese Symptome sind ähnlich, wie nach ungewohnt starkem Zigarettenrauchen.

Sollte es unter der rauchfreien Nicotinersatztherapie zu Symptomen der Überdosierung kommen, dann verzichten Sie vorübergehend auf die Anwendung des Nicotinersatzproduktes. Dosieren Sie künftig niedriger, fragen Sie bei stärkeren Beschwerden Ihren Arzt oder Apotheker

Lohnt sich die Investition?

Die Kosten für das Nicotin-Pflaster liegen in der jeweils günstigsten Packungsgröße zwischen DM 140,– und DM 155,– pro Monat. Ähnliches gilt für die Nicotin-Kaugummis, wobei hier die Kosten stärker von der individuellen Dosierung abhängen. Bei ca. 10 Kaugummis 2 mg täglich, geben Sie ca. DM 163,– pro Monat aus, bei 4 mg ca. DM 180,–.

Wenn Sie im Schnitt 20 Zigaretten täglich rauchen, dann geben Sie monatlich ca. DM 165,– für Zigaretten aus, jährlich sind dies DM 1.980,–.

Für das erste Jahr Rauchfreiheit und einer 3-monatigen Anwendung von Nicotinersatz gilt: Sie sparen DM 1.440,– bis DM 1.560,–.

Das Nasal-Spray ist für starke Raucher gedacht, die täglich 20-40 Zigaretten (oder mehr) konsumieren und im Schnitt dafür DM 5,50,– bis DM 11,– ausgeben. Bei 10-20 Dosen des Nasal-Sprays täglich geben Sie – vergleichbar mit Ihrem Zigarettenkonsum – ca. DM 6,– bis DM 12,– aus.

Somit füllt sich nach drei Monaten allmählich Ihr Sparschwein. Sie investieren nicht mehr in die Abhängigkeit. Sie können sich etwas gönnen …

Nichtraucher in 6 Wochen

Ihr Programm zur Selbstkontrolle des Rauchens

» Bei Nicotin und Alkohol
fühlt sich der Mensch besonders wohl.
Und doch macht nichts so hin
wie Alkohol und Nicotin «
(Eugen Roth)

Die erste Woche

In dieser ersten Behandlungswoche sollen Sie noch nichts an Ihrem Rauchverhalten verändern. Sie sollen sich ein genaues Bild über Ihre Rauchgewohnheiten verschaffen, indem Sie sich und Ihr Verhalten genau beobachten und dokumentieren. Die Beantwortung der beiden folgenden Fragen steht zunächst im Vordergrund:

Wieviele Zigaretten rauche ich am Tag?
In welchen Situationen rauche ich?

Sie fragen sich vielleicht, warum Sie nicht gleich schon in der ersten Woche das Rauchen aufgeben sollen.

Erinnern Sie sich aber an die Ausführungen im ersten Teil: Rauchen geschieht meist automatisch und unkontrolliert. Nur wenn Sie Ihr eigenes Verhalten zunächst selbst beobachten, können Sie herausfinden, welches Ihre persönlichen Rauchsituationen sind, wo Sie mit besonderen Schwierigkeiten zu rechnen haben und was Sie tun können, um diese Schwierigkeiten abzumildern. Deshalb ist die Selbstbeobachtung des Rauchverhaltens von ganz entscheidender Bedeutung. Durch Selbstbeobachtung werden Sie sich Ihres eigenen Verhaltens bewußt. Erst dadurch können Sie anfangen, es zu kontrollieren und zu verändern.

Die folgenden Schritte sollen Ihnen dabei helfen. Gehen Sie die Fragen sorgfältig durch, nehmen Sie sich Zeit, überlegen Sie...

Was sind meine persönlichen Gründe für das Aufhören?

1 Sammeln Sie Ihre ganz *persönlichen Gründe*, warum Sie das Rauchen völlig aufgeben wollen! Kreuzen Sie in der folgenden Tabelle zunächst die Gründe an, die auch für Sie zutreffen:

- Rauchen gefährdet meine Gesundheit!
- Rauchen mindert meine körperliche Leistungsfähigkeit!
- Rauchen macht mich abhängig!
- Rauchen ist mir zu kostspielig!
- Rauchen führt zu Raucherhusten!
- Rauchen erzeugt einen schlechten Geschmack im Mund!
- Rauchen verursacht einen üblen Geruch in der Kleidung und in der Wohnung!

Finden Sie nun weitere persönliche Gründe, mit dem Rauchen aufzuhören und tragen Sie diese zusammen mit den in der Liste angekreuzten in die Tabelle auf der folgenden Seite ein. Blättern Sie auch ruhig noch einmal zurück auf die ersten Seiten.

Lassen Sie sich Zeit und Muße dazu. Machen Sie sich wirklich deutlich, was Sie dazu bewegt, nun aktiv etwas gegen Ihr Rauchen zu unternehmen. Sie werden dieses Blatt später wieder brauchen, um Ihre Gründe und Ihre Motivation im Verlauf der Behandlung zu überprüfen.

Tragen Sie hier Ihre Beweggründe, das Rauchen aufzugeben, der Wichtigkeit nach ein:

Ich habe mich entschlossen, das Rauchen aufzugeben, weil:

1.

2.

3.

4.

5.

6.

7.

8.

9.

Notieren Sie sich jetzt bitte auch die Gründe, die *gegen* das Aufhören sprechen. Wahrscheinlich werden Sie sich jetzt fragen: »Warum soll ich mich damit noch beschäftigen? Ich habe doch beschlossen aufzuhören.«

Trotzdem ist es wichtig, daß Sie auch die Argumente gegen das Aufhören notieren, um sich bewußt zu machen, was Sie noch an die Zigarette bindet. Vieles kann Sie daran hindern, das Rauchen aufzugeben.

Ich könnte weiterrauchen, weil:

1.
2.
3.
4.
5.
6.
7.
8.
9.

Führen Sie jetzt Ihre persönlichen Vorteile auf, die Sie durch das Nichtrauchen erreichen wollen. Einige Beispiele zum Ankreuzen:

- [ ] Ich möchte wieder körperlich leistungsfähiger sein
- [ ] Ich möchte wieder ohne Atembeschwerden laufen können
- [ ] Ich möchte mich freier fühlen
- [ ] Ich spare auf eine Anschaffung

Überlegen Sie sich nun eine Liste eigener persönlicher Vorteile. Zählen Sie alles auf, was Ihnen einfällt:

Meine persönliche Vorteils-karte

Wenn Ihnen noch immer ein bißchen der Mut fehlt, Nichtraucher zu werden, weil Sie denken »es ist doch zu schwer für mich«, dann bedenken Sie: Sicher haben Sie schon öfter die Erfahrung gemacht, daß Sie Angst hatten, etwas nicht zu schaffen und es Ihnen dann doch gelungen ist, wenn Sie es erst gewagt haben, die Sache in Angriff zunehmen. Meistens unterschätzen wir nämlich unsere Fähigkeiten, auch mit schwierigen Situationen fertigzuwerden und lassen uns von Hürden abschrecken, bevor wir überhaupt nur versucht haben, sie zu nehmen. Um wieviel größer das Erfolgserlebnis, wenn es dann doch gelingt!

Tun Sie alles, was Ihnen hilft, Ihre Einstellung zum Rauchen zu klären und zu festigen: Sie können sich mit der Zigarettenreklame auseinandersetzen, mit geeigneten Freunden und Bekannten über das Rauchen diskutieren, sich im Gesundheitsamt Informationsmaterial über das Rauchen besorgen, und vieles andere mehr.

Wagen Sie den Schritt zum Nichtraucher!

2 Wieviele Zigaretten rauche ich am Tag? – Die STRICHLISTE

Woche 1		
Datum	Striche für Zigaretten	Summe
6.7.	||||| ||||| |||	13
7.7.	||||| ||||| ||||| ||	17
8.7.	||||| ||||| ||||| |||||	20
9.7.	||||| ||||| ||||	14
10.7.	||||| ||||| ||||| |||	18
11.7.	||||| ||||| ||||| ||||| ||	22
12.7.	||||| ||||| |||||		16
	Gesamtsumme:	120
	Durchschnittswert:	17

Ab sofort sollen Sie ihren Zigarettenverbrauch beobachten.

Von morgen an notieren Sie über eine Woche jede einzelne Zigarette, die Sie rauchen. Dadurch erfahren Sie genau, wieviele Zigaretten Sie an jedem Tag rauchen. Dazu dient Ihnen am besten eine Strichliste.

Den Durchschnittswert pro Tag berechnen Sie folgendermaßen: Teilen Sie die Gesamtsumme der Zigaretten durch die Anzahl der Beobachtungstage. In unserem Beispiel wären das:

$$\frac{120}{7 \text{ Tage}} = \text{durchschnittlich } 17 \text{ Zigaretten pro Tag}$$

Am Ende dieses Kapitels finden Sie vorgedruckte Strichlisten, die Sie ausschneiden können. Führen Sie Ihre Strichliste immer bei sich, z.B. in der Cellophanhülle der Zigarettenpackung. Notieren Sie jede einzelne Zigarette!

Wichtig ist vor allem, daß Sie den Strich immer jeweils *vor dem Anzünden* einer Zigarette machen! Nur dann können Sie den Griff zur Zigarette bewußt wahrnehmen und sich jedesmal neu entscheiden, ob Sie nun rauchen wollen oder nicht.

Die Strichliste gibt Ihnen Auskunft darüber, wieviel Sie täglich rauchen. Weil Sie sich dadurch das Rauchen bewußter machen, kann schon die Tatsache, daß Sie eine Strichliste führen, bewirken, daß Sie weniger rauchen. Somit sind Sie bereits jetzt in die erste Phase der Raucherentwöhnung eingetreten!

3 In welchen Situationen rauche ich? – Die TAGESKARTEN

Um herauszufinden, in welchen Situationen Sie rauchen und welche äußeren Begleitumstände dazu führen, daß Sie zur Zigarette greifen, führen Sie zusätzlich eine sogenannte „Tageskarte" *an mindestens 2 Tagen der ersten Woche.* (Am besten an einem normalen Wochentag und an einem Tag des Wochenendes).

Für einen einzelnen Tag tragen Sie ein,
- an welchem Ort,
- bei welcher Tätigkeit,
- zu welcher Uhrzeit,

Sie wieviele Zigaretten rauchen.

Eintragungen in die Tageskarte können etwa so aussehen:

Ort	Tätigkeit	Uhrzeit	Zigaretten
Bett	Aufwachen	6.45	I
Bad	Kämmen	7.00	I
Küche	Kaffee trinken	7.20	II
Auto	Anlassen des Motors	7.40	I
Auto	Fahren	7.45	III
Arbeit	Telefonat	8.30	II
Arbeit	1. Pause	10.00	III
usw.			

Wie bei der Strichliste machen Sie möglichst alle Eintragungen, *bevor* Sie sich eine Zigarette anzünden. Daher müssen Sie die Tageskarte immer griffbereit haben.

Das Führen der Tageskarten kann bei starkem Rauchen etwas aufwendig sein. Ihre Mühe lohnt sich jedoch auf jeden Fall: Nur wenn Sie die Tageskarte sehr genau führen, bekommen Sie einen Überblick über die Situationen, in denen Sie rauchen. Sie brauchen die Tageskarte, damit Sie sich Ihr persönliches Selbstkontroll-Programm aufbauen können.

Trennen Sie die beiden Tageskarten, die Sie am Ende dieses Kapitels finden, aus der Broschüre heraus. Verwenden Sie eine für einen Werktag und die andere für einen Tag am Wochenende.

Der SITUATIONSFRAGEBOGEN

Zu Ihrer Information dient auch der folgende Situationsfragebogen. Er soll Ihnen helfen, Ihre persönlichen Rauchsituationen herauszufinden. Wenn Sie den Fragebogen ausgefüllt haben, fällt Ihnen das Führen der Tageskarten eventuell leichter.

Kreuzen Sie an, welche Feststellungen bei Ihnen zutreffen:

	immer	häufig	selten	nie
1. Ich rauche zwischen den Gängen einer Mahlzeit.	■	■	■	■
2. Ich rauche nach dem Essen.	■	■	■	■
3. Ich rauche, wenn ich auf das Essen warte.	■	■	■	■
4. Ich rauche den ganzen Tag über gleich viel.	■	■	■	■
5. Ich rauche während der Arbeitszeit, unabhängig davon, was ich gerade tue.	■	■	■	■
6. Ich rauche bereits kurz nach dem Aufwachen im Bett.	■	■	■	■
7. Ich rauche während der Arbeitszeit, wenn ich gerade Lust dazu habe.	■	■	■	■

	immer	häufig	selten	nie
8. Ich rauche noch vor dem Frühstück.	■	■	■	■
9. Ich rauche auf dem Weg zur Arbeit.	■	■	■	■
10. Ich rauche nach dem abendlichen Zähneputzen.	■	■	■	■
11. Ich rauche direkt vor dem Zubettgehen.	■	■	■	■
12. Ich rauche am Abend, wenn ich im Bett liege.	■	■	■	■
13. Ich rauche eine Zigarette kurz vor dem Einschlafen.	■	■	■	■
14. Ich rauche eine Zigarette nach der anderen.	■	■	■	■
15. Ich rauche mehr als gewöhnlich bei langen Autofahrten.	■	■	■	■
16. Ich rauche mehr Zigaretten, wenn ich mich konzentrieren muß.	■	■	■	■
17. Ich rauche auch bei kurzen Fahrten im Stadtverkehr.	■	■	■	■
18. Ich rauche auf der Straße.	■	■	■	■
19. Ich rauche beim Fernsehen.	■	■	■	■
20. Ich rauche am Morgen, auf nüchternen Magen.	■	■	■	■
21. Ich greife automatisch zur Zigarette, wenn sich jemand eine anzündet.	■	■	■	■
22. Ich rauche bei Gesprächen und Besprechungen mehr als gewöhnlich.	■	■	■	■
23. Ich rauche bei jeder Gelegenheit, die sich bietet.	■	■	■	■
24. Ich kann es nicht erwarten, eine Zigarette anzuzünden, wenn andere noch essen.	■	■	■	■

Fällt Ihnen noch mehr ein?
Schreiben Sie doch Ihre persönlichen Rauchsituationen in den nachfolgenden Zeilen auf:

	immer	häufig	selten
25.	■	■	■
26.	■	■	■
27.	■	■	■

Schauen Sie sich den Situationsfragebogen von Zeit zu Zeit an. Sie werden feststellen, daß viele der Fragen, die sie jetzt mit »immer« oder »häufig« beantwortet haben, später Ihre »Versuchungssituationen« darstellen werden. Hier müssen Sie besonders wachsam sein; überlegen Sie sich bereits jetzt, wie Sie diesen schwierigen Situationen begegnen können.

Notieren Sie hier die Situationen, auf die Sie besonders achten wollen und schreiben Sie Ihre Ideen für eine alternative Verhaltensweise in der Situation auf:

Kritische Situationen sind für mich:	Statt zu rauchen, könnte ich...

Überlegen Sie sich, ob es für Sie nicht leichter ist, mit anderen entwöhnungswilligen Rauchern gemeinsam den Kampf gegen die Rauchgewohnheit aufzunehmen. Es hat Vorteile, in einer Gruppe Gleichgesinnter das Rauchen aufzugeben:

- Sie können sich über Ihre Probleme auf dem Weg zur Abstinenz unterhalten und sich Anregungen und Hilfestellungen von Ihren Mitstreitern geben lassen.
- Es tut gut, für Fortschritte gelobt zu werden. Als »Einzelkämpfer« bekommen Sie wahrscheinlich weniger positive Unterstützung, als in einer Gruppe.
- Auch um Ihre Entwöhnungsmotivation ist es in einer Gruppe besser bestellt. Man will mit den anderen mithalten.

Wenn Sie in Ihrer Bekanntschaft keine entwöhnungswilligen Raucher finden, probieren Sie es doch mit einem Inserat in der Zeitung: »Suche entwöhnungswillige Raucher, um gemeinsam aufzuhören.«

ZUSAMMENFASSUNG

Dies waren unsere Ziele in der ersten Behandlungswoche:

- **Sie machen sich auf der Motivationskarte Ihre Gründe, Nichtraucher zu werden, deutlich.**
- **Sie registrieren Ihren bisherigen Zigarettenkonsum über die Strichliste und beobachten mit der Tageskarte und dem Situationsfragebogen die schwierigen Situationen.**
- **Sie wappnen sich so für die Versuchungssituationen der Zukunft!**

Ort	Tätigkeit	Uhrzeit	Zigaretten

Tageskarte I

Ort	Tätigkeit	Uhrzeit	Zigaretten

Tageskarte II

Datum	Striche für Zigaretten	Summe
	Gesamtsumme:	
	Durchschnittswert:	

Datum	Striche für Zigaretten	Summe
	Gesamtsumme:	
	Durchschnittswert:	

Datum	Striche für Zigaretten	Summe
	Gesamtsumme:	
	Durchschnittswert:	

Strichliste

Die zweite Woche

In der letzten Woche haben Sie Ihr Rauchverhalten genau beobachtet, notiert und sich Ihre Motive für das Nichtrauchen vergegenwärtigt. Damit haben Sie beste Voraussetzungen geschaffen, jetzt mit dem Rauchen aufzuhören. Mit den Beobachtungen aus der letzten Woche haben Sie wichtige Hilfen an der Hand, sich die erste Entwöhnungsphase zu erleichtern.

1 Der erste Nichtrauchertag

Das Aufhören geschieht mit der Schluß-Punkt-Methode, das heißt, daß Sie von einem Tag zum anderen mit dem Rauchen vollständig aufhören.

Es ist wichtig, diesen Schritt nicht hinauszuzögern. Es ist der entscheidende Schritt zum Nichtrauchen und er wird nicht einfacher, wenn Sie ihn immer wieder verschieben. Im Gegenteil! Erleichtern Sie sich den Schritt, indem Sie ihn so wenig schwierig wie möglich machen.

Suchen Sie sich einen der nächsten Tage aus, der hierfür besonders geeignet ist, z.B. einen Tag mit viel Abwechslung und Situationen, in denen Sie ohnehin nicht rauchen. Der Tag sollte kein Martyrium werden, wichtig ist es daher, daß Sie für diesen Tag solche Unternehmungen planen, die Ihnen möglichst angenehm sind oder Freude bereiten.

Anhand Ihrer Strichliste und Ihrer Tageskarte läßt sich der Tag am leichtesten herausfinden, der Ihnen als Aufhörtermin am geeignetsten erscheint (z.B. der Tag mit dem geringsten Zigarettenkonsum). Jetzt kommen Ihnen die exakten Beobachtungen der letzten Woche zugute.

Legen Sie für diese Woche einen verbindlichen Aufhörtermin fest.

Mein erster Nichtrauchertag ist am:	Ich will von nun an Ex-Raucher/in sein!
	.... Unterschrift

Vielleicht fragen Sie sich: wieso muß ich von einem Tag auf den anderen ganz mit dem Rauchen aufhören, vielleicht wäre es einfacher, wenn ich es schrittweise tun würde?

Denken Sie daran: ein bißchen aufhören gibt es nicht! Sie sollten Ihren Entschluß, Nichtraucher zu werden, möglichst zügig in die Tat umsetzen! Erfahrungen mit Raucherentwöhnungsprogrammen haben gezeigt, daß ein Hinauszögern den Erfolg eher erschwert als erleichtert.

Machen Sie Ihr Nichtrauchen publik

Scheuen Sie sich nicht, Ihren Entschluß öffentlich zu machen! Erzählen Sie Freunden, Bekannten oder Verwandten davon. Auch das stellt eine wichtige Unterstützung dar. Anderen beweisen zu wollen, daß man es wirklich schafft, kann eine wichtige zusätzliche Motivation sein.

2 Sie wenden das Nicotin-Kaugummi bzw. das Nicotin-Pflaster an

Scheuen Sie sich nicht, Ihren Entschluß, das Rauchen aufzugeben, in die Tat umzusetzen. Bedenken Sie, daß sie vom ersten Nichtrauchertag an und über die gesamte Dauer dieses Programms den Nicotinersatz zur Verfügung haben werden. Auch danach können Sie den Nicotinersatz bis zu drei Monate weiter verwenden. Durch den Einsatz von Nicotinersatz werden die gefürchteten Entzugssymptome entscheidend abgemildert. Das erleichtert Ihnen den Entwöhnungsprozeß wesentlich!

Nicotinersatz steht zu Ihrer Unterstützung zur Verfügung!

Beachten Sie nochmals die Anwendungsrichtlinien:

Füllen Sie zunächst den Fagerström-Test zur Ermittlung der Zigarettenabhängigkeit aus (S. 27 bis 30) und entscheiden Sie, welche Form derNicotinsubstitution für Sie am besten geeignet ist.

Wenn Sie sich für das Nicotin-Kaugummi entschieden haben:

Im Normalfall genügt es, Kaugummi der Stärke 2 mg zu kauen. Wenn Sie damit das Rauchverlangen nicht vollständig unterdrücken können, steht ein stärkeres Nicotin-Kaugummi zur Verfügung.
Im Regelfall sollte entweder ein Kaugummi pro Stunde verwendet werden (d.h. maximal 16 Stk. am Tag) oder wenn akuter Bedarf besteht. Nach spätestens zwei Monaten sollte die durchschnittliche Dosierung verringert werden, indem die zeitlichen Abstände der Kaugummianwendung vergrößert werden. Wenn man das stärkere Kaugummi anwendet, kann dann auf die 2 mg-Stärke übergegangen werden.
Bei der Anwendung des Kaugummis ist das besondere Kauverhalten zu beachten. Wird der Geschmack intensiver, sollte man das Kaugummi in der Wangentasche parken und erst wieder kauen, wenn dieser Geschmack verschwunden ist.

Dieses Prinzip »Kauen – Parken – Kauen« beherrschen Sie erfahrungsgemäß nach 2 oder 3 Nicotin-Kaugummis.

Wenn Sie das Nicotin-Pflaster anwenden möchten:

Beginnen Sie mit der höchsten Pflasterstärke. Nach 6-12 Wochen wechseln Sie auf die niedrigere Pflasterstärke. Nach weiteren 2-3 Wochen wird schließlich die geringste Stärke verwendet. 2-3 Wochen später ist die Therapie beendet.
Nicht anzuraten ist das Pflaster, wenn Sie weniger als 10 Zigaretten am Tag rauchen.

Wenn Sie das Nicotin-Nasal-Spray einsetzen möchten:

Das Nicotin-Nasal-Spray ist anzuraten, wenn Sie mehr als 20 Zigaretten pro Tag rauchen und mindestens sechs Punkte im Fagerström-Test erzielen.
Bedenken Sie, daß dieses Produkt rezeptpflichtig ist.
Verwenden Sie ein bis zwei, maximal drei Dosierungen pro Stunde. Pro Anwendung geben Sie einen Sprühstoß in jedes Nasenloch. Empfohlen wird die Anwendung für die Dauer von acht bis zwölf Wochen, anschließend soll das Nicotin-Nasal-Spray innerhalb von sechs bis acht Wochen ausgeschlichen werden.

Wenn Sie ein besonders starker Raucher sind:

Bitte prüfen Sie, ob Sie von einer Kombination von Pflaster und Kaugummi bzw. von Pflaster und Nicotin-Nasal-Spray profitieren könnten. Dies ist der Fall, wenn Sie mehr als 30 Zigaretten am Tag rauchen und mindestens 8 Punkte im Fagerström-Test aufweisen. Wenden Sie in diesem Fall das Pflaster ebenfalls in der höchsten Pflasterstärke für die Dauer von sechs bis zwölf Wochen an, wechseln Sie dann auf die nächstgeringere Pflasterstärke und setzen Sie nach weiteren zwei bis drei Wochen auf die geringste Stärke um. Nach zwei bis drei Wochen können Sie das Pflaster schließlich ganz weglassen. Während der ganzen Zeit können Sie zusätzlich Nicotin-Kaugummi oder Nicotin-Nasal-Spray einsetzen, beachten Sie auch hier die Anwendungsempfehlungen und versuchen Sie, innerhalb von sechs Monaten sowohl den Nicotin-Kaugummi als auch die Nicotin-Nasal-Sprayanwendung beendet zu haben.

3 Sie entwickeln Alternativen zum Rauchen

Mit der Selbstbeobachtung haben Sie sich eine wichtige Möglichkeit geschaffen, sich die Entwöhnungsphase selbst zu erleichtern. Sie wissen jetzt genau, wann und warum Sie rauchen, welche Situationen leicht und welche schwerer zu überstehen sind. Damit sind Sie auf kritische Situationen vorbereitet!

Suchen Sie sich bereits jetzt unterstützende Alternativen für die alltäglichen Rauchsituationen, die deutliche Signale für das Nichtrauchen setzen. Alternativen zum Rauchen können sein:

- etwas lutschen oder kauen, z.B. Halspastillen, Karotten.
- Sport treiben (Spaziergang, Gymnastik, Schwimmen) oder
- ablenkenden Beschäftigungen nachgehen (z.B. Handarbeiten, Basteln, Gartenarbeit, telefonieren, einen Brief schreiben...).

Sie können anhand Ihrer Tageskarte gezielt für jede einzelne Rauchsituation passende Alternativen entwickeln.

4 Sie ändern Ihre Umgebung

Eine weitere Hilfe zur Erhöhung Ihrer Standfestigkeit als Nichtraucher/in ist die bewußte Veränderung der Situationen, in denen Sie früher geraucht haben.

So können Sie Dinge und Gegenstände, die Sie an das Rauchen erinnern, entfernen. Sie könnten alle restlichen Zigaretten, Streichhölzer und Feuerzeuge wegwerfen oder verschenken, Sie könnten Ihre Vorhänge waschen, um den Zigarettengeruch aus der Wohnung zu beseitigen... Ändern Sie auch Ihren Arbeitsplatz entsprechend.

Eine Alternative und deutliches Signal für das Nichtrauchen kann z.B. das Deponieren von Obst, (Nicotin-)Kaugummi oder Mineralwasser an denselben Stellen sein, an denen Sie früher Zigaretten aufbewahrten oder rauchten. Für viele ist es hilfreich, Tätigkeiten, die mit Rauchen verbunden waren, an einem Ort durchzuführen, der mit Nichtrauchen verbunden ist (z.B. Kaffeetrinken und Zeitunglesen nicht in der Küche, sondern im Wohnzimmer).

Auch Vereinbarungen über rauchfreie Zonen und Zeiten mit Kollegen am Arbeitsplatz, mit Freunden in der Freizeit und mit der Familie daheim können helfen, als Nichtraucher/in standhaft zu bleiben.

Einige Beispiele:

- an Ihrem Arbeitsplatz wird nicht mehr geraucht.
- Sie besuchen eine(n) nichtrauchenden Kollegin/Kollegen bei dem Wunsch nach einer Zigarette.

Sprechen Sie mit den Menschen in Ihrer Umgebung. Machen Sie es sich einfach, lassen Sie sich helfen!

5 Sie bereiten sich auf Versuchungen vor

Versuchungen zum Rauchen sind allgegenwärtig. Es lohnt sich, bereits vorher nach Lösungen für schwierige Situationen zu suchen. Nehmen Sie dies jetzt in Angriff. Tragen Sie in das folgende Schema alle Situationen ein, in denen Sie noch Rauchgelüste verspüren. Finden Sie für jeden eventuellen Griff zur Zigarette eine günstige Alternative. Diese Alternativen wirken der Rauchautomatik entgegen, weil jetzt nicht mehr der automatische Griff zur Zigarette die erwünschte Abwechslung bringt, sondern eine Aktivität, die Ihnen Spaß macht.

Rauchalternativen

Wichtig ist, daß Sie sich ihre Alternativen zum Rauchen bereits vor dem Aufhören überlegen und nicht erst dann, wenn Sie bereits aufgehört haben. Nur dann haben Sie ihre persönlichen Alternativen wirklich bei der Hand, wenn Sie in kritische Situationen kommen. Durch das Ausprobieren der Alternativen können neue hinzukommen. Sie können die folgende Liste ruhig immer wieder ergänzen und erweitern.

Auslöser für die Zigarette (z.B. Ort, Tätigkeit, Begleitperson, Stimmung)	Meine persönliche Alternative

Einige wenige Situationen, in denen Sie sich ganz besonders gefährdet fühlen, können Sie auch für eine gewisse Zeit vermeiden. Es kann aber auch reizvoll sein, solche schwierigen Situationen als Herausforderung zu sehen (wie etwa Feste, Gaststättenbesuche etc.) und sie bewußt aufzusuchen. Wenn Sie noch unsicher sein sollten, versichern Sie sich vorher beispielsweise der Unterstützung Ihres Begleiters oder Ihrer Begleiterin.

6 Sie suchen sich sportlichen Ausgleich

Regelmäßige Bewegung ist ein wichtiger Ausgleich und eine hilfreiche Unterstützung in der ersten Entwöhnungsphase.

Sport und Bewegung regen den Kreislauf an und beruhigen die Nerven. Dies wirkt sich grundsätzlich positiv auf Ihre Stimmung aus. Außerdem halten Sport und Bewegung immer kleinere und größere Erfolgserlebnisse bereit! Auch das hebt die Stimmung! Deshalb haben sich Sport und Bewegung gerade für kritische Phasen während der Raucherentwöhnung als wichtige Möglichkeit im Umgang mit Rauchverlangen herausgestellt.

Bewegung hilft nicht nur, mit dem Verlangen nach Zigaretten umzugehen und es abzubauen, körperliche Bewegung zeigt Ihnen auch sehr schnell, wie sich der Körper zunehmend vom Rauchen erholt und wie die körperliche Leistungsfähigkeit und Fitneß verbessert wird.

Wichtig ist:

- ⇨ Sie sollen nicht zum Hochleistungssportler werden. Bereits ein ausgedehnter Spaziergang bringt eine Menge für die körperliche Fitneß. Eine weitere Möglichkeit ist regelmäßiges Schwimmen. Auch Tanzen ist Sport! Wichtig in jedem Fall ist die Regelmäßigkeit.
- ⇨ Passen Sie Ihr Bewegungsprogramm Ihrer körperlichen Leistungsfähigkeit an, überfordern Sie sich nicht.

ZUSAMMENFASSUNG

Dies waren unsere Ziele in der zweiten Behandlungswoche:

- **Sie legen ein Datum für Ihren ersten Nichtrauchertag fest, machen Ihr Abstinenzvorhaben publik.**
- **Gleichzeitig suchen Sie nach Alternativen zum bisherigen Rauchverhalten, decken Versuchungssituationen auf und passen Ihre Umgebung Ihren Bedürfnissen an.**
- **Sie suchen sich sportlichen Ausgleich.**
- **Und nicht zuletzt setzen Sie zum ersten Mal Ihr Nicotin-Kaugummi, oder -Pflaster oder Nasal-Spray ein!**

Die dritte Woche

In dieser Woche schließen Sie Verträge über die Einhaltung Ihrer Ziele ab. Sie erhalten Informationen über gesunde Ernährung und Tips zur Vermeidung von Gewichtszunahme.

1a Wenn Sie es geschafft haben

Herzlichen Glückwunsch zu Ihrem Erfolg! Sie sind jetzt seit einer Woche Nichtraucher! Damit haben Sie den Absprung geschafft und die erste, wichtige Hürde auf dem Weg zum Nichtraucher übersprungen. Das ist eine echte Leistung. Jetzt gilt es, in den nächsten Wochen diesen Erfolg zu stabilisieren. Nutzen Sie dafür die weiteren Angebote dieses Programms.
Haben Sie auch jetzt noch starke Entzugserscheinungen? Denken Sie daran, daß Ihnen Nicotinersatzprodukte zur Verfügung stehen. Ist die Dosis Ihres Nicotinersatzproduktes (Pflaster, Kaugummi oder Nicotin-Nasal-Spray) ausreichend hoch? Versuchen Sie bei anhaltenden Entzugssymptomen die Dosis zu erhöhen. Überprüfen Sie bei starken Entzugssymptomen oder schwerem Verlangen nach Nicotin, ob eine Kombination von Pflaster und Kaugummi oder Pflaster und Nasal-Spray für Sie in Frage kommen könnte.

1b Wenn Sie es noch nicht geschafft haben

Nun, es ist noch nichts verloren! Wenn Sie es in der vergangenen Woche nicht geschafft haben, mit dem Rauchen aufzuhören, dann machen Sie diese Woche einen zweiten Versuch! Legen Sie erneut einen verbindlichen Aufhörtermin fest. Suchen Sie sich einen günstigen Tag heraus, einen Tag, an dem Sie möglichst wenig Streß und Aufregung haben. Denken Sie daran, daß Ihnen Nicotin-Pflaster oder Nicotin-Kaugummi zur Verfügung stehen, wenn Sie mit dem Rauchen aufgehört haben. Dies mildert die Entzugssymptome und erleichtert Ihnen den Absprung erheblich! Nutzen Sie für sich auch die weiteren Angebote des Programms.
Hatten Sie nach einem Aufhörversuch starke Entzugserscheinungen? Denken Sie daran, daß Ihnen Nicotinersatzprodukte

zur Verfügung stehen. Ist die Dosis Ihres Nicotinersatzproduktes (Pflaster, Kaugummi oder Nicotin-Nasal-Spray) ausreichend hoch? Versuchen Sie bei anhaltenden Entzugssymptomen die Dosis zu erhöhen. Überprüfen Sie bei starken Entzugssymptomen oder schwerem Verlangen nach Nicotin, ob eine Kombination von Pflaster und Kaugummi oder Pflaster und Nasal-Spray für Sie in Frage kommen könnte.

Mein erster Nichtrauchertag ist am:

Ich will von nun an Ex-Raucher/in sein!

....

Unterschrift

Beachten Sie auch folgende Punkte:

Wenn Sie ihre Strichliste weitergeführt haben, werden Sie wahrscheinlich festgestellt haben, daß Sie bereits weniger rauchen und es Ihnen durchaus möglich war, in vielen Situationen auf die Zigaretten zu verzichten. Es fehlt also nur noch der letzte Schritt zum endgültigen Absprung. Schauen Sie sich nochmals Ihre Tageskarte an. Welche Situationen sind es, in denen Sie immer noch rauchen? In diesen Situationen sind Alternativen zum Rauchen besonders wichtig!

Nehmen Sie nochmals Ihre Motivationskarte zur Hand, gehen Sie Ihre persönlichen Gründe für das Aufhören erneut durch. Nutzen Sie die Möglichkeit, mit Freunden, Bekannten oder dem Partner über mögliche Zweifel zu sprechen. Suchen Sie sich einen Wahlspruch, der Sie in den nächsten Wochen begleiten kann.

2 Sie schließen VEREINBARUNGEN ab

Das Rauchen wird nicht nur von äußeren Umständen, sogenannten auslösenden Bedingungen (dem Angebot einer

Zigarette, Streß, gemütliches Beisammensein etc.), gesteuert, sondern auch von den Folgen, die es hat. Wenn Sie rauchen, wirkt dies zunächst angenehm. Dies ist wie eine Belohnung. Wenn das Rauchen eine angenehme, erwünschte Konsequenz für eine Person hat, behält sie dieses Verhalten bei, das Rauchen »lohnt sich« für sie.

Wenn die Konsequenzen Ihres Verhaltens also wichtig sind und Sie Nichtraucher werden wollen, sollten Sie sich für Ihr *Nichtrauchen belohnen.* Das heißt: Sie belohnen sich selbst dafür, daß Sie Ihre Ziele eingehalten haben und nicht geraucht haben.

Sehr gut eignen sich dazu »Vereinbarungen«. In einer sogenannten Vereinbarung verpflichten Sie sich, Ihr gesetztes Ziel, nicht mehr zu rauchen, einzuhalten.

Am Ende dieses Buches finden Sie vorgedruckte Vereinbarungsformulare, die Sie in dieser und den kommenden Wochen verwenden können. Um Vereinbarungen abschließen zu können, brauchen Sie einen Vertragspartner oder »Kurshelfer«.

Mit einer Vereinbarung schaffen Sie sich einen zusätzlichen Anreiz, Ihre Ziele wirklich konsequent einzuhalten. Dies und besonders der Erfolg, den Sie erleben, wenn Sie eine solche Vereinbarung erfolgreich erfüllt haben, unterstützt ganz entscheidend Ihren Lernprozeß auf dem Weg zum Nichtrauchen und beugt »Durchhängerphasen« vor.

Was ist ein Kurshelfer?

- ⇨ Ein »Kurshelfer« ist eine Person, die Sie beim Aufhören unterstützen soll und der sie mindestens einmal in der Woche von Ihren Erfolgen berichten.
- ⇨ Suchen Sie sich eine(n) Bekannte(n), von dem Sie wissen, daß sie/er Sie unterstützt und Ihnen bei Ihrem Bemühen hilft, das Rauchen aufzugeben. Sie können Familienangehörige, Freunde, aber auch eine neutrale Person wie Ihren Arzt oder Ihren Apotheker auswählen.
- ⇨ Bitten Sie diese Person, Ihre Erfolge bei der Raucherentwöhnung zu überwachen.
- ⇨ **Am Ende des Kapitels** finden Sie eine Informationskarte für Ihren Kurshelfer, die Sie mit ihm gemeinsam besprechen sollten.

Schließen Sie für jede Woche eine neue Vereinbarung ab und treffen Sie sich wenigstens einmal pro Woche mit Ihrem Kurshelfer. Sie können einen Geldbetrag oder, besser noch, eine Dienstleistung einsetzen, die Sie erbringen müßten, wenn Sie die Vereinbarung nicht einhalten sollten. Dies darf ruhig auch etwas Unangenehmes sein (Fenster putzen, Wagen waschen etc.). Einladungen zu einem Essen sind aufgrund des eigenen Genusses, den man dabei hat, weniger zu empfehlen.
Bestimmen Sie aber vor allem eine schöne Belohnung für sich selbst, wenn Sie es geschafft haben, ein für Sie wichtiges Ziel zu erreichen! Halten Sie diese auf der Vereinbarung mit Ihrem Kurshelfer fest. Etwa, wenn Sie tatsächlich eine Woche nicht mehr geraucht haben oder eine besonders schwierige Situation gemeistert haben. Eine gute Idee ist es, sich einmal hinzusetzen und eine ganze Liste von kleineren Belohnungen, die machbar und persönlich reizvoll für Sie sind, aufzustellen und sich dann eine für die nächste Woche auszuwählen. Ihrer Phantasie sind hier keine Grenzen gesetzt.

Solche Belohnungen können zum Beispiel sein:
- ein Kinobesuch
- schön essen gehen
- eine neue CD
- ein Konzert besuchen
- einen bestimmten Ausflug machen
- ein neuer Tennisschläger
- eine neue Pflanze oder Blumen

Stellen Sie eine Liste Ihrer Belohnungen auf!

Tragen Sie auf der heraustrennbaren Karte am Kapitelende Ihre Belohnungen ein, und stellen Sie diese *Belohnungskarte* möglichst so in Ihrer Wohnung auf, daß Sie öfter Ihre Aufmerksamkeit erregt.
Ihr Nichtrauchen ist Ihnen wichtig. Scheuen Sie sich daher nicht, sich dafür zu belohnen! Verträge und Vereinbarungen über Belohnungen mit sich selbst und anderen können Spaß machen und spannend sein. Wir weisen hierauf ganz bewußt hin, denn vielen Menschen fällt es leichter, sich selbst zu kritisieren und mit sich unzufrieden zu sein, als sich selbst für erfolgreiche Bemühungen zu belohnen.

3 Sie nutzen weiter die Möglichkeiten des Nicotin-Kaugummis bzw. des Nicotin-Pflasters!

Wenn Sie Fragen haben hinsichtlich Dosierung und Verträglichkeit, dann klären Sie diese bitte mit Ihrem Arzt oder Apotheker! Sie nutzen weiter die Möglichkeiten des Nicotin-Kaugummis bzw. des Nicotin-Pflasters oder Nicotin-Nasal-Sprays! Wenn Sie Fragen haben hinsichtlich der Dosierung oder Verträglichkeit, dann wenden Sie sich bitte an Ihren Arzt oder Apotheker. Informationsmöglichkeiten bestehen auch beim Rauchertelefon des Deutschen Krebsforschungszentrums (Tel. 06221-424200), Institut für Nikotinforschung und Raucherentwöhnung (Tel. 0361-645080) oder beim Arbeitskreis Raucherentwöhnung der Universität Tübingen (Tel. 0 70 71 - 2 98 73 46).

4 Sie achten auf gesunde Ernährung

Werde ich zunehmen, wenn ich aufhöre zu rauchen?

Dies ist eine der am häufigsten gestellten Fragen von Rauchern, wenn sie sich damit auseinandersetzen, ob sie das Rauchen aufgeben sollen. Doch keine Bange! Sie werden während der Raucherentwöhnung nicht zwangsläufig zunehmen. Wenn Sie Ihre Eßgewohnheiten beibehalten, vor allem nicht mehr essen als vorher, möglichen Heißhunger auf Süßes kontrollieren und zudem regelmäßig auf die Waage gehen, brauchen Sie zusätzliche Pfunde nicht zu fürchten.

Während der Nicotinsubstitution haben Sie außerdem eine geringere Gewichtszunahme zu erwarten. Der Griff zum Nicotin-Kaugummi oder Nicotin-Nasal-Spray ist nicht mit einer Kalorienzunahme verbunden! Durch die Zufuhr von Nicotin wird außerdem das Verlangen nach Süßigkeiten, das durch den Entzug bedingt sein könnte, unterdrückt.

Wir möchten Ihnen zur Anregung einige Ratschläge zu einer gesunden Ernährung geben, die grundsätzlich gelten und die nicht nur eine gesunde Lebensweise garantieren, sondern bei deren Einhaltung mit einer Gewichtszunahme nicht zu rechnen ist. Wenn Sie sich an dieser Ernährungsweise mit Ihrem täglichen Speiseplan orientieren, dann sind immer wieder auch »kleinere Sünden« erlaubt.

Eine gute Möglichkeit, sich ausgewogen zu ernähren, ist die *Vollwerternährung*. Sie besteht aus Gemüse, Obst, Vollkorn- und Milchprodukten, sowie Fisch, Eiern und Fleisch in geringen Mengen. Die eine Hälfte der Nahrung sollte dabei aus erhitzter Kost, die andere aus unerhitzter Kost, der sogenannten Frischkost, bestehen. Vollkornprodukte, frisches Obst und Gemüse, Hülsenfrüchte und Kartoffeln versorgen den Körper nicht nur mit Stärke und Ballaststoffen, sie liefern auch viele Vitamine und Mineralstoffe.

Im Gegensatz zu Vollkornprodukten enthalten Weißmehlprodukte kaum noch Vitamine und Mineralstoffe, die sich alle in der Schale des Korns befinden. Zudem werden Weißmehlprodukte schneller verdaut, so daß früher ein erneutes Hungergefühl entsteht. Deshalb sollte man darauf achten, mehr Vollkorn- als Weißmehlprodukte zu sich zu nehmen.

Fette

Unser Körper braucht Fett, aber nicht zuviel. Bei den Fetten unterscheidet man zwischen den *ungesättigten und den gesättigten Fettsäuren.* Dabei sind die ungesättigten Fettsäuren den gesättigten vorzuziehen.

Hohe Mengen an ungesättigten Fettsäuren haben z.B. Sonnenblumenmargarine, Distel-, Maiskeim- und Sonnenblumenöl, das heißt also pflanzliche Fette, sowie bestimmte Fischsorten (z.B. Forelle, Rotbarsch und Heilbutt). Tierische Fette enthalten dagegen einen hohen Anteil gesättigter Fettsäuren und sind deswegen für eine gesunde Ernährung eher ungünstig. Das heißt nicht, daß Sie auf tierische Fette verzichten sollen, man sollte jedoch darauf achten, daß der Anteil ungesättigter Fettsäuren in der Ernährung mindestens ebenso hoch ist, wie der Anteil gesättigter Fettsäuren. Das kann z.B. dadurch erreicht werden, daß man die Butter etwas weniger dick aufs Brot streicht und den Verbrauch fetter Wurstsorten einschränkt.

Eiweiß

Eiweiß ist für den Körper lebensnotwendig. Eiweiß ist in tierischen und in pflanzlichen Lebensmitteln enthalten.

Geeignete Eiweißquellen sind Fleisch, Fisch, Milchprodukte sowie Getreide und Hülsenfrüchte. Tierisches Eiweiß ist besonders wertvoll, da es dem Körpereiweiß in seiner Zusammensetzung sehr ähnelt. Pflanzliches Eiweiß kann genauso wertvoll sein, wenn es mit anderen eiweißhaltigen Lebensmitteln ergänzt wird (z. B. Pellkartoffeln mit Quark, Müsli aus Haferflocken, Milch, Obst und Nüssen). 2-3 Fleischmahlzeiten pro Woche reichen aus! An den übrigen Tagen können Fisch und vegetarische Gerichte den Eiweißbedarf decken.

Kohlenhydrate

Kohlenhydrate sollten als möglichst komplexe Kohlenhydrate, wie sie in Kartoffeln, Hülsenfrüchten, Gemüse und Brot enthalten sind, konsumiert werden. Diese Nahrungsmittel liefern auch gleichzeitig Vitamine und Mineralstoffe.

Ungünstig sind die einfachen Kohlenhydrate wie sie in Zucker und Süßigkeiten vorkommen. Auch hier gilt aber: Man muß auf Süßes nicht vollständig verzichten. Als Faustregel kann gelten: Etwa 50-60 Gramm Zucker pro Tag sind erlaubt. Allgemein lautet die Devise: wenig Süßes essen und das Wenige mit gutem Gewissen genießen.

Getränke

Für Getränke gilt: Wasser ist der Hauptbestandteil unseres Körpers. Der Körper deckt seinen Flüssigkeitsbedarf zur einen Hälfte aus Getränken, zur anderen Hälfte über die aufgenommene feste Nahrung. Um die täglichen Wasserverluste zu ersetzen, sollten dem Körper pro Tag etwa 1,5 l Flüssigkeit zugeführt werden. Dabei gibt es gute und schlechte Durstlöscher:

- Trink- und Mineralwasser, ungezuckerter Kräuter- oder Früchtetee löschen gut den Durst. Mit Wasser verdünnte Fruchtsäfte sind ebenfalls geeignet.
- Ungünstig sind zuckerhaltige Getränke wie Limonaden und Cola. Überhaupt nicht geeignet sind Alkohol oder Kaffee, da sie dem Körper mehr Wasser entziehen als zuführen.

So vermeiden Sie eine Gewichtszunahme

- Essen Sie bewußt, kauen Sie langsam und gründlich.

- Nehmen Sie lieber 5 kleine als 3 große Mahlzeiten am Tag zu sich.

- Trinken Sie viel! Aber bitte keine alkoholischen Getränke, sondern kalorienarme oder -freie Getränken, wie Wasser, Mineralwasser, Tee und Säfte.

- Nehmen Sie bei plötzlichen Hungerattacken kleine Zwischenmahlzeiten ein. Obst und Gemüse bieten sich an, ebenso Magermilchprodukte oder Knäckebrot.

- Wenn Sie Heißhunger auf Süßes haben, greifen Sie zu frischem Obst oder lutschen Sie z.B. Salmiakpastillen. Meiden Sie Schokolade, Gummibärchen usw. Essen Sie dann besser ein Marmeladenbrot. Das hält länger vor.

- Machen Sie neue Geschmacksexperimente! Gehen Sie mal in einen Feinkostladen oder ins Reformhaus und probieren Sie etwas Neues zum Essen aus.

So vermeiden Sie eine Gewichtszunahme

Bei unerwünschter Gewichtszunahme ersetzen Sie eine Hauptmahlzeit durch Obst und Gemüse. Oder Sie machen einen Mini-Fastentag als Obsttag oder Gemüsetag:

- Obsttag:
  Nehmen Sie Obst, das Sie gerne mögen. Essen Sie langsam und kauen Sie gut. Trinken Sie Mineralwasser oder ungesüßten Tee dazu.

- Gemüsetag:
  Sie können mehrmals am Tag Gemüse essen, als Rohkost oder gedünstet. Verwenden Sie viel frische Kräuter.
  Trinken Sie Mineralwasser oder ungesüßten Tee dazu.

Bleiben Sie in Bewegung!

Falls Sie Ihre Gewichtsprobleme nicht selbst lösen können, lassen Sie sich bei einer Fachkraft Ihrer Krankenkasse beraten oder besuchen Sie einen entsprechenden Kurs an der Volkshochschule.

Die Krankenkassen stellen Ihnen auch zahlreiche Broschüren über gesunde Ernährung und Tipps gegen überflüssige Pfunde kostenlos zur Verfügung.

ZUSAMMENFASSUNG

Dies waren unsere Ziele in der dritten Behandlungswoche:

- **Sie wenden regelmäßig die Nicotinsubstitution an.**
- **Sie schließen Vereinbarungen über Ihre Ziele ab.**
- **Sie belohnen sich in geeigneter Weise für Ihren Erfolg.**
- **Sie achten auf Ihre Ernährung.**

Informationen für den Kurshelfer

Sie sind von einem Raucher/einer Raucherin, der/die sich das Rauchen abgewöhnen will, als mögliche/r »Kurshelfer/in« angesprochen worden. (Im folgenden Text werden aus Gründen der Übersichtlichkeit geschlechtsneutrale Bezeichnungen verwendet) Um Ihnen die Entscheidung zu erleichtern, ob Sie diese Rolle als »Entwöhnungsgehilfe« annehmen wollen, hier einige Informationen über Ihre Aufgaben als Kurshelfer:

Aufgabe des Kurshelfers
Als Kurshelfer unterstützen Sie den Raucher, der sich das Rauchen in einem Raucherentwöhnungskurs abgewöhnen will. Ihre Aufgabe ist es, dem Raucher bei der Einhaltung seiner Abstinenz zu helfen. Lassen Sie sich zunächst vom Raucher das Entwöhnungsprogramm genau erläutern.

Wöchentliche Vereinbarungen
Sie sollten sich mindestens einmal in der Woche mit dem Raucher treffen können. Der aufhörwillige Raucher soll mit Ihnen bei diesen wöchentlichen Treffen jeweils eine Vereinbarung über die Einhaltung der Abstinenz schließen.

Ein Treffen von 10 bis 20 Minuten ist ausreichend, um die Vereinbarungsmodalitäten zu klären. In Ausnahmefällen kann die Vereinbarung auch einmal mündlich per Telefon getroffen werden.

Ihr Vereinbarungspartner hinterlegt bei Ihnen bei jeder neuen Vereinbarung (Lassen Sie sich das vorbereitete Vereinbarungsformular zeigen!) einen bestimmten Geldbetrag gegen Quittung oder gibt Ihnen einen »Gutschein«, auf dem eine »Dienstleistung« vermerkt ist, die er für Sie oder andere Personen erbringen muß, falls er seine Vereinbarung nicht einhält. (z.B. Auto waschen, Fenster putzen usw.) Falls eine Dienstleistung vereinbart wird, sollte diese für den Raucher möglichst unangenehm sein und umgehend erledigt werden können.

Wenn der (Ex-) Raucher die Abstinenz einhält,
erstatten Sie den hinterlegten Geldbetrag zurück und vernichten die Quittung bzw. zerreißen den Gutschein, auf dem die Dienstleistung vermerkt ist.

Kurshelfer-Info

Wenn der (Ex-) Raucher sein Ziel nicht erreicht hat,
ist es Ihre Aufgabe, die Vereinbarung unverzüglich und konsequent einzufordern. Im Falle eines hinterlegten Geldbetrages kann auch der zunächst verlorene Geldbetrag zusammen mit einem neuen Betrag hinterlegt werden. Dies erhöht den Anreiz für den Raucher, bei einem erneuten Versuch die nächste Vereinbarung genau einzuhalten. Geben Sie auf keinen Fall den Geldbetrag zurück, wenn der Raucher seine Ziele nicht erreicht hat.

Wenn es Ihnen unangenehm ist, den Geldbetrag zu behalten, können Sie mit dem Raucher übereinkommen, bei Nichteinhaltung der Vereinbarung, diesen auf das Konto einer Institution zu überweisen, gegen die der Raucher negativ eingestellt ist.

Sinn der Vereinbarungen
Es mag Ihnen zunächst etwas seltsam vorkommen, derartige Vereinbarungen zu schließen. Die Erfahrungen haben jedoch gezeigt, daß vertraglich fixierte Entwöhnungszielsetzungen ein effektives Mittel sind, den Raucher mehr an seine Vorsätze zu binden.

Weitere Unterstützung durch den Kurshelfer
Es ist nicht Ihre Aufgabe, Ihren Vereinbarungspartner zu kontrollieren. Vertrauen Sie seinen Angaben. Er ist für sich selber verantwortlich. Nörgeln und schimpfen Sie nicht, falls Ihr Vertragspartner sein Ziel nicht erreicht hat, sondern unterstützen Sie den aufhörwilligen Raucher auf seinem schwierigen Weg durch ermunternden Zuspruch.

Falls Sie zusätzlich zu den 20-minütigen wöchentlichen Treffen noch Zeit investieren möchten, um Ihren Vertragspartner zu stützen, wäre es hilfreich, wenn Sie mit ihm gemeinsame Aktivitäten unternehmen könnten. So könnten Sie z.B. ins Kino gehen, wenn Ihr Vereinbarungspartner eine ganze Woche nicht geraucht hat. Nach einem Monat des Nichtrauchens könnten Sie zusammen essen gehen, etc..

Es wäre schön, wenn Sie Ihren Ex-Raucher noch bis 6 Monate nach dem Erreichen der Abstinenz betreuen könnten. Vereinbarungen und bekräftigendes Zureden auch nach dem Erreichen der Abstinenz haben sich als wirksam erwiesen, Rückfällen vorzubeugen.

Bitte trennen Sie diese Belohnungskarte heraus und knicken Sie sie entlang der gestrichelten Linie! Stellen Sie die Karte an einem Ort Ihrer Wohnung auf, wo Sie Ihnen möglichst oft ins Auge fällt (z.B. auf dem Schreibtisch).

Wenn ich ein wichtiges Ziel auf dem Weg zur Abstinenz erreicht habe (z.B. Vereinbarung eingehalten, der erste erfolgreiche Tag als Nichtraucher, eine Woche ohne Zigarette, eine besonders schwierige, gemeisterte Situation), werde ich mich folgendermaßen belohnen:

1. ....

2. ....

3. ....

4. ....

5. ....

6. ....

7. ....

Belohnungs-karte

Die vierte Woche

1a Wenn Sie nicht mehr rauchen

Sie können sehr stolz auf sich sein! Sie sind jetzt schon seit zwei Wochen Nichtraucher.

Mit jedem Nichtrauchertag sinken die speziellen, durch das Rauchen verursachten Gefahren für die Gesundheit. Inzwischen hat sich die Durchblutung des Körpers normalisiert. Der Sauerstoffspiegel im Blut ist wieder auf normale Höhe angestiegen, dadurch sind die Belastungen für den Kreislauf gesunken. Das Risiko für eine Herz-Kreislauferkrankung hat sich bereits jetzt etwas reduziert. Geruchs- und Geschmacksorgane funktionieren wieder besser. Ebenfalls verbessert hat sich die Lungenfunktion.

Beobachten Sie die positiven Veränderungen

Manche körperlichen Veränderungen können Sie bereits jetzt beobachten. Ergänzen Sie die folgenden Beispiele um Ihre eigenen Beobachtungen:

Positive Veränderungen sind ...

Können Sie wieder besser riechen und schmecken?
Sind Hände und Füße nicht mehr so kalt?
Haben Sie seltener Kopfschmerzen?
Fällt das Treppensteigen leichter?

____

____

____

____

Achten Sie auch in der kommenden Zeit einmal bewußt auf solche positiven Veränderungen.

Denken Sie daran, sich weiter für Ihre Erfolge zu belohnen!

Belohnen Sie sich z.B. für jede weitere Woche ohne Zigarette oder für jede besonders schwierige Situation, die Sie überstanden haben, bzw. für jede Versuchung, der Sie nicht erlegen sind!

Meine Belohnungen für die nächste Zeit: ____________________

Halten Sie weiter Kontakt zu Ihrem Kurshelfer und schließen Sie eine neue Vereinbarung mit ihm ab.

Berichten Sie Ihrem Kurshelfer über Ihre Erfolge oder rufen Sie ihn an, wenn Sie sich in einer kritischen Situation befinden. Seine Unterstützung kann Ihnen helfen, eine solche Krise zu überwinden!

Nutzen Sie die Möglichkeiten des Nicotin-Kaugummis, des Nicotin-Pflasters und des Nicotin-Nasal-Sprays!

Haben Sie es gut vertragen? Haben Sie noch ein heftiges Rauchverlangen? Haben Sie den Eindruck, nicht ausreichend Nicotin zu erhalten? Haben Sie weitere Fragen zu der Anwendung? Wenden Sie sich bei Unklarheiten an Ihren Arzt oder Apotheker!

Wenn Sie nicht mehr rauchen, bitte auf Seite 104 weiterlesen.

1b Wenn Sie immer noch rauchen

Haben Sie den Absprung noch nicht geschafft? Dann lassen Sie sich trotzdem nicht entmutigen! Geben Sie nicht auf, fangen Sie noch einmal von vorne an! Sie sollten *erneut eine Tageskarte* führen, auf der Sie alle Ihre *Rauchsituationen protokollieren.* Sicherlich fallen Ihnen auch spontan viele Situationen ein, in denen Sie noch rauchen.

Überlegen Sie sich gewissenhaft für sich selbst: Wagen Sie den Absprung nicht, weil Sie nicht wissen, wie Sie das Rauchen aufgeben können, oder fehlt die Entschlossenheit, den Wunsch zum Nichtrauchen auch mit zielstrebigen Schritten in die Tat umzusetzen ?

Leiden Sie unter zu starken Entzugssymptomen? Macht Ihnen der Verzicht auf Zigaretten zu schaffen ?

Entschließen Sie sich, in den nächsten 2 Wochen noch mehr Energie als bislang darauf zu verwenden, Nichtraucher zu werden. Räumen Sie diesem Ziel einen noch höheren Stellenwert als bislang ein. *Machen Sie das Trainieren des Nichtrauchens zu einem Ihrer wichtigsten persönlichen Ziele in den nächsten Tagen.*

Setzen Sie sich nochmals einen Aufhörtermin!
Schieben Sie den Termin nicht zu weit auf, es ist der erste entscheidende Schritt zum Nichtrauchen.

Mein erster Nichtrauchertag ist am:

Ich will von nun an Ex-Raucher/in sein!

....

Unterschrift

**Hinweise und Anregungen,
wie Sie weiter vorgehen können:**

Stellen Sie sich eine besondere Belohnung für den Tag in Aussicht, an dem Sie das erste Mal gar nicht geraucht haben.

An meinem ersten Nichtrauchertag
werde ich mich folgendermaßen belohnen: ______________

____

____

____

____

Systematisieren Sie Ihr Vorgehen. Sie können sich für jede verbliebene Situation, in der Sie noch rauchen, eine wirkungsvolle Alternative überlegen. Schließen Sie für jede dieser schwierigen Situationen wirksame *Verträge* ab und *belohnen* Sie sich besonders dann, wenn Sie diese persönlich schwierigen Rauchsituationen gemeistert haben.

Schließen Sie Verträge mit Einsatz von Geldbeträgen oder andere Vereinbarungen ab, die Sie wirklich anspornen. Es kann hilfreich sein, besondere Verträge für einzelne Tage oder Verträge über das Nichtrauchen in ganz bestimmten Situationen abzuschließen, an denen Ihnen viel gelegen ist. Setzen Sie sich Belohnungen, die reizvoll für Sie sind. Bedenken Sie auch, wieviel Geld Sie bereits jetzt durch die Verringerung Ihres Zigarettenverbrauches gespart haben

Meine persönlichen Verträge
für diese Woche: ______________________________

Machen Sie sich nochmals bewußt, warum Sie das Rauchen aufgeben wollen. Was sind Ihre persönlichen Gründe, warum Sie Nichtraucher werden wollen, welche Ziele wollen Sie damit erreichen?

Schauen Sie sich noch einmal Ihre Motivationskarte an!
Gerade auch in Versuchungssituationen ist es sehr hilfreich, wenn Sie sich Ihre *Vorteile des Nichtrauchens* vorstellen. Stellen Sie sich z.B. vor, wie es sein wird, wenn Sie den Tag ohne Husten und Kratzen im Hals beginnen, das Frühstück wieder besser schmeckt und die Haut straffer wird.

Oft ist es hilfreich, die Situation selbst zu ändern, in der Sie rauchen. Vielen fällt es z.B. besonders schwer, die Zigaretten nach dem Frühstück aufzugeben. Ein Frühstück kann aber auch ohne Zigarette schön sein, z.B. indem Sie etwas Abwechslung hineinbringen.

Sie können einen ungewohnten und reizvollen Brotaufstrich oder Aufschnitt wählen, sich eine besondere Zeitung zum Frühstück gönnen, als Abschluß eine außergewöhnliche Frucht essen usw.

Bedenken Sie nochmals, daß Ihnen verschiedene Nicotinersatzmittel zur Verfügung stehen!

Wenn Ihnen die bisherige Nicotinersatztherapie keine ausreichende Linderung der Entzugssymptomatik gebracht hat, wenn Sie weiterhin unter starkem Rauchverlangen leiden, prüfen Sie, ob Sie nicht doch zu einem anderen Nicotinpräparat wechseln oder aber eine Kombinationsbehandlung ausprobieren wollen.

Wir möchten Sie ausdrücklich dazu ermuntern, das Rauchen im Lauf dieser Woche vollständig aufzugeben. Sehr wahrscheinlich werden Sie feststellen, daß Ihnen, wenn Sie diesen Entschluß erst einmal gefaßt haben, das Nichtrauchen recht leicht fällt.

Es ist wichtig, daß Sie wirklich das Ziel haben, das Rauchen vollständig aufzustecken. Begnügen Sie sich nicht damit, täglich einige wenige Zigaretten zu rauchen, denn es hat sich in vielen Studien gezeigt, daß dieses sog. kontrollierte Rauchen für die meisten Raucher nicht möglich ist.

2 Sie lernen eine Entspannungstechnik

Streß oder die Suche nach Entspannung ist für viele Raucher einer der wichtigsten Gründe, zur Zigarette zu greifen. Die Zigarette wird benutzt, um sich besser *entspannen* zu können. Werfen Sie nochmals einen Blick in Ihre Tageskarte und überprüfen Sie, wie häufig das bei Ihnen der Fall war. Weil das Rauchen so häufig zum Abbau von Spannungen eingesetzt wird, ist es besonders wichtig, eine alternative Möglichkeit zur Entspannung zu lernen.

Wir möchten Ihnen deshalb jetzt ein Verfahren zur Entspannung vorstellen. Im folgenden werden wir Ihnen helfen, dieses bekannte Entspannungsverfahren in seinen Grundzügen zu erlernen. Wenn Sie Interesse daran haben, ein solches Entspannungstraining weitergehend zu erlernen, dann empfehlen wir Ihnen den Besuch eines Kurses, wie sie regelmäßig von Volkshochschulen und Krankenkassen angeboten werden.

Das progressive Muskelrelaxationstraining nach Jacobson

Dieses Training ist eines der am häufigsten angewendeten Verfahren zur Entspannung. Es gilt als das Verfahren, das am einfachsten zu erlernen ist. Dennoch müssen Sie beachten:

Jedes Entspannungsverfahren muß gelernt werden.
Regelmäßiges Üben (2-3 mal täglich) ist deshalb die wichtigste Voraussetzung für den Erfolg. Sie brauchen Geduld, bis sich der gewünschte Effekt einstellt und Sie das Entspannungsverfahren effektiv einsetzen können.

Sie lernen sich zu entspannen, indem Sie die Muskelgruppen Ihres Körpers zunächst anspannen und dann entspannen. Dadurch können Sie nicht nur wahrnehmen, wo im Körper die Anspannung steckt, aus dem Kontrast zur Anspannung lernen Sie gleichzeitig die Entspannungsreaktion.

Die einzelnen Muskelgruppen des Körpers werden dabei stufenweise durchgegangen, beginnend mit den Händen und Armen, danach Kopf und Schulterbereich schließlich Rücken, Bauch und Beine. Je häufiger Sie üben, desto schneller stellt sich die Entspannungsreaktion ein. Am Ende werden Sie die einzelnen Muskelgruppen gar nicht mehr anspannen müssen, um Entspannung zu erreichen.

In den folgenden Anleitungen finden Sie genaue Angaben darüber, wie Sie vorgehen müssen.

Anleitungen zum Jacobson-Entspannungstraining

Wenn Sie zu Hause üben, suchen Sie sich zunächst einen ruhigen Raum. Legen Sie sich so bequem wie möglich hin und versuchen Sie, ein bis zwei Minuten ruhig und entspannt zu werden. Wenn es für Sie angenehmer ist, können Sie auch im Sitzen entspannen. Achten Sie darauf, daß die Füße fest auf dem Boden aufstehen und die Beine in den Knien einen rechten Winkel bilden. Die Unterarme ruhen auf den Oberschenkeln und der Kopf fällt leicht nach vorn auf die Brust.

Das Entspannungstraining besteht aus vier Übungsteilen. Beginnen Sie mit dem ersten Teil und nehmen Sie in den kommenden Wochen jeweils einen weiteren Teil hinzu. Üben Sie insgesamt nicht länger als 20 Minuten.

Die Durchführung der einzelnen Übungsschritte erfolgt immer auf die gleiche Art und Weise: Der genannte Körperteil wird zunächst angespannt, so stark, wie Sie es gerade eben noch aushalten, und anschließend entspannt. Die Zeit der Anspannung sollte etwa 5 Sekunden, die Zeit der Entspannung etwa 15-20 Sekunden dauern. Dies sind Richtwerte, Sie werden schnell ein Gefühl dafür bekommen, welche zeitliche Verteilung Ihnen am angenehmsten ist.

Lesen Sie sich vor dem Üben die jeweiligen Übungsschritte durch und prägen Sie sich die Schritte ein. Achten Sie bei jedem Übungschritt jedesmal auf die unterschiedlichen Empfindungen, die die Anspannung und die Entspannung hervorrufen. Achten Sie also zunächst auf das Gefühl der Anspannung, lassen Sie die Muskeln wieder locker werden und achten Sie dann auf das Gefühl der Entspannung.

Wenn Ihnen einzelne Übungsschritte unangenehm sind, dann können Sie diese auch weglassen.

Zählen Sie am Ende des Übungsprogramms in Gedanken von 4 bis 1, öffnen Sie die Augen, winkeln Sie die Arme an und strecken Sie sich. Stehen Sie langsam auf.

Übungsteil 1

Entspannung der Arme

1. Rechte Faust ballen (einmal wiederholen)
2. Linke Faust ballen (einmal wiederholen)
3. Beide Fäuste ballen
4. Beide Ellenbogen beugen (einmal wiederholen)
5. Arme ausstrecken und auf die Unterlage (oder Hände auf die Stuhlkante) drücken (einmal wiederholen)

Übungsteil 2

Entspannung des Gesichts mit Nacken, Schultern und oberem Rücken

1. Stirn runzeln
2. Augenbrauen zusammenziehen
3. Augen zusammenkneifen
4. Zähne aufeinanderbeißen, Kiefermuskeln anspannen
5. Zunge gegen den Gaumen pressen
6. Lippen spitzen und zusammenpressen
7. Kopf auf die Unterlage drücken (im Sitzen Kopf ganz nach hinten drücken), Kinn auf die Brust drücken
8. Schultern hochziehen
9. Noch einmal Schultern hochziehen und nach vorn und zurück drehen

Übungsteil 3

Entspannung der Brust, des Bauches und des unteren Rückens

1. Tief Luft holen und Atem anhalten (wiederholen)
2. Bauchmuskeln anspannen (wiederholen)
3. Bauch einziehen
4. Bauch einziehen, dann nach außen drücken, wieder einziehen
5. Rücken wölben und Gesäß von der Unterlage heben (im Sitzen: Rücken wölben) (wiederholen)

Übungsteil 4

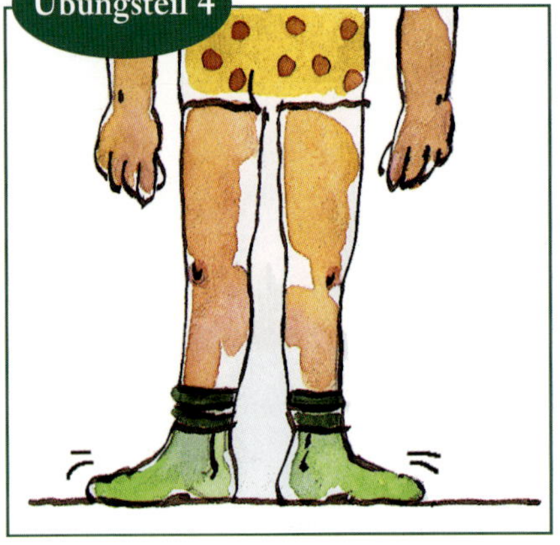

Entspannung der Lenden, Schenkel und Waden

1. Gesäß und Oberschenkel anspannen, dabei Fersen herunter drücken
2. Knie und Schenkel anspannen
3. Wadenmuskeln anspannen, dabei Füße und Zehen nach unten pressen
4. Schienbeinmuskeln anspannen, dazu Füße nach oben drücken

Wenn Sie den ganzen Körper durchgegangen sind, genießen Sie diesen entspannten Zustand für eine Weile. Sagen Sie mehrmals in Gedanken zu sich »ganz ruhig«. Wenn sich dieser Satz mit dem Gefühl der Entspannung verbindet, kann er Ihnen helfen, in Streßsituationen dem Rauchverlangen zu widerstehen.

3 Setzen Sie sich mit rückfallkritischen Situationen auseinander

Die kommende Woche ist die vorletzte Woche der psychologischen Raucherentwöhnungsbehandlung. Sehr wahrscheinlich werden Sie festgestellt haben, daß es Situationen gibt, in denen Ihnen das Nichtrauchen relativ leicht fällt. Sie werden jedoch auch erlebt haben, daß Ihnen in anderen Situationen Ihre Standfestigkeit als Nichtraucher zu einer Herausforderung wurde. Daher ist es wichtig, sich speziell für solche Momente zu rüsten, Versuchungssituationen in Gedanken vorwegzunehmen, zu erfassen und sich Entgegnungen auf solche möglichen kritischen Situationen zu überlegen.

Stellen Sie sich erlebte und vorweggenommene Versuchungssituationen vor und schreiben Sie sie auf:

:-(

Gefährliche Situationen sind …

Um mit Versuchungssituationen besser umgehen zu können, ist es wichtig, sich schon *vorher* Bewältigungshilfen zu überlegen, die man anwenden kann, wenn man sich in einer kritischen Situation befindet. Viel schwieriger und damit auch gefährlicher ist es, sich etwas zu überlegen, wenn man bereits in der Situation steckt. Deshalb raten wir Ihnen, sich Ihre ganz persönlichen Bewältigungshilfen aufzuschreiben und immer wieder zu vergegenwärtigen. Dies gibt Ihnen in kritischen Situationen mehr Sicherheit.

Es gibt viele unterschiedliche Bewältigungsstrategien, die Sie einsetzen können. Im folgenden werden einige Beispiele angeführt.

- Sie suchen sich einen Ersatz für das Rauchen:
  Etwas kauen (Karotte), etwas lutschen (z.B. scharfe Pfefferminzbonbons), etwas trinken, die Hände beschäftigen.
- Sie betätigen sich körperlich: spazierengehen, radfahren, Gartenarbeit usw.
- Sie lenken sich durch eine angenehme Tätigkeit ab.
- Sie vermeiden Situationen, in denen Sie sich sehr unsicher fühlen.
- Sie gehen kurz aus der Situation, bis das Verlangen schwächer wird.
- Sie bitten rauchende Freunde, Familienmitglieder, Kollegen um Rücksicht.
- Sie versuchen, sich zu entspannen.
- Sie denken an die Belohnung, die Ihnen winkt, wenn Sie erfolgreich sind.
- Sie nehmen Kontakt mit dem Kurshelfer oder anderen Nicht- oder ehemaligen Rauchern auf.
- Sie vergegenwärtigen sich Ihre Gründe für das Aufhören.
- Sie denken an die positiven gesundheitlichen Folgen des Nichtrauchens.
- Sie denken daran, daß Sie Ihren bisherigen Erfolg nicht gefährden wollen.

Die Beispiele sind als Anregung gedacht. Suchen Sie sich für jede kritische Situation Ihre passende Bewältigungsstrategie!

Welche möglichen Bewältigungsstrategien fallen Ihnen ein? Notieren Sie alle, auch solche, die Sie bei Kollegen, Bekannten oder Freunden schon erlebt haben:

Meine Bewältigungsstrategien

Die Situation:	Was ich tun kann:

Und wenn es doch zu einem Rückfall kommt?

Je länger Sie dabei bleiben, desto geringer ist die Gefahr des Rückfalls. Noch haben Sie es nicht geschafft. Die Statistiken sagen sogar, daß Sie in den ersten drei Monaten Ihrer Abstinenz ganz besonders gefährdet sind. Doch wie bei vielem gilt: Man darf sich durch Rückschläge nicht aufhalten oder entmutigen lassen. Der Weg ist schwer zu gehen, doch Beharrlichkeit und Zähigkeit, auch beim zweiten oder dritten Versuch helfen Ihnen hier ganz entschieden weiter. Zudem können Sie die Nicotinersatzmittel bis zu vier/sechs Monaten anwenden, d.h. über die gesamte erste schwierige Phase weiterbenutzen. Bedenken Sie auch, daß Sie Nicotin-Nasal-Spray oder Nicotin-Kaugummi auch später noch als „Notfallmedikament" einsetzen können, es bietet sich an, eines dieser Produkte noch eine Weile mit sich zu tragen, um im Notfall darauf zurückgreifen zu können. Und wenn es doch passiert:

Geben Sie nicht auf,
fangen Sie noch einmal von vorne an!

ZUSAMMENFASSUNG

Dies waren unsere Ziele in der vierten Behandlungswoche:

- **Sie haben sich in dieser Woche ganz bewußt mit möglichen »rückfallkritischen« Situationen auseinandergesetzt und haben sich viel Mühe gemacht, Bewältigungsstrategien zu finden.**
- **Üben Sie das Jacobson-Entspannungstraining; üben Sie regelmäßig, vielleicht stellen sich jetzt schon spürbare Erfolge ein!**
- **Schließen Sie eine neue Vereinbarung ab und belohnen Sie sich für Ihre Erfolge!**
- **Wenden Sie das Nicotinpräparat regelmäßig an.**

Die fünfte Woche

1a Wenn Sie nicht mehr rauchen

Herzlichen Glückwunsch zu Ihrem hervorragenden Erfolg! Haben Sie sich dafür schon selbst belohnt?

Auch wenn Sie es geschafft haben, das Rauchen aufzugeben: Schließen Sie weiterhin Verträge oder Vereinbarungen ab, um sich für Ihr Nichtrauchen zu belohnen. Damit besteht für Sie eine zusätzliche Motivation, die Ihnen hilft, das Nichtrauchen besser abzusichern. Sicherlich freuen Sie sich über Ihren Erfolg, und Sie haben allen Grund dazu!

Damit das Nichtrauchen aber nicht zu einer möglicherweise alltäglichen Selbstverständlichkeit wird, die für Sie an Reiz verliert, sollten Sie Vereinbarungen über Ihnen zustehende Belohnungen treffen. Solche Vereinbarungen können Sie auch mit sich selbst treffen.

Ein gutes Vorgehen ist es, Vereinbarungen über Belohnungen für das Nichtrauchen mit einer immer längeren Laufdauer abzuschließen. Besonders dann, wenn Sie sich noch unsicher in Ihrem Nichtrauchen fühlen, sollten Sie *kurzfristige Verträge* abschließen, die nur über wenige Tage gehen und nach denen Ihnen eine Belohnung zusteht, wenn Sie nicht geraucht haben. Wenn sich das Nichtrauchen zunehmend verfestigt hat, sollten Sie dann Vereinbarungen treffen, die sich auf längere Zeiträume beziehen. So können Sie sich eine schöne Belohnung für den Tag in Aussicht stellen, an dem Sie bereits 4 Wochen nicht mehr rauchen, eine weitere Belohnung, wenn Sie z.B. 3 Monate Nichtraucher sind usw.. Wenn Sie Belohnungen festlegen, bedenken Sie immer, wieviel Geld Sie durch Ihr Nichtrauchen gespart haben und sparen werden!

Wenn Sie nicht mehr rauchen, bitte auf Seite 119 weiterlesen.

1b Wenn Sie heute noch rauchen

Sie haben Ihren Zigarettenkonsum bislang erheblich eingeschränkt. Dies stellt schon eine beachtliche Leistung, auch im Dienste der Gesundheit, dar.

Eventuell tragen Sie sich mit dem Gedanken, das Rauchen nun nicht mehr ganz aufzugeben, sondern eingeschränkt und kontrolliert weiterzurauchen. Es gibt jedoch nur äußerst wenige Raucher, denen es gelingt, über einen längeren Zeitraum derart kontrolliert zu rauchen. Dies ist kein Wunder, denn die Verführung mehr zu rauchen, kann schnell wieder sehr groß werden. Bei den meisten steigt der Zigarettenverbrauch nach kurzer Zeit wieder stark an und alle Mühe war umsonst. Wir raten Ihnen deshalb: Schränken Sie das Rauchen nicht nur ein, sondern setzen Sie sich auf jeden Fall das Ziel, *gänzlich* Nichtraucher zu werden.

Stellen Sie das Rauchen so bald wie möglich ein. Nehmen Sie sich z.B. vor, ab morgen klar und entschlossen nicht mehr zu rauchen. Sie können dann ab sofort das Nicotin-Kaugummi oder das Nicotin-Pflaster anwenden. Dadurch brauchen Sie die Entzugserscheinungen nicht zu fürchten. Es kommt vorrangig auf Ihre Bereitschaft und Entschlossenheit an, ab *sofort* auf das Rauchen zu verzichten.

Wenn Sie zögern, diesen Schritt zu machen, machen Sie sich noch einmal die Gründe ganz deutlich, warum Sie Nichtraucher werden wollen. Wieviel liegt Ihnen noch daran ?

Machen Sie sich Notizen zu Ihren Überlegungen. Vielen hilft es, solche Notizen immer dann zu machen, wenn gerade der Wunsch aufkommt, eine Zigarette zu rauchen. Motivieren Sie sich auch nochmals, indem Sie mit einem Bekannten, der nicht raucht, über das Rauchen sprechen.

Meine Gründe, Nichtraucher zu werden, sind: ______

______

______

______

______

______

______

______

______

______

Schließen Sie jetzt wirksame Verträge ab. Setzen Sie Geldbeträge ein, deren Verlust Ihnen wirklich unangenehm wäre, oder verpflichten Sie sich zu Dienstleistungen, die Sie wirklich ungern erbringen würden. Bestimmen Sie eine reizvolle Belohnung für Ihren ersten Tag als Nichtraucher.

Wenn Sie zur Zeit noch rauchen und sich etwas in Ihnen gegen solche Verträge und Vereinbarungen sträubt, dann beantworten Sie sich einmal ganz ehrlich die Frage: »Kann es sein, daß ich solche Vereinbarungen auch deshalb nicht schließen will, weil ich spüre, daß diese ziemlich wirksam wären?« Wenn Sie Verträge nicht abschließen wollen, weil diese spürbar in Ihr Rauchverhalten eingreifen würden, sollten Sie nochmals Ihre Motivation überprüfen, Nichtraucher zu werden.

Wenn Sie das Gefühl haben, daß Ihnen immer wieder einige besonders schwierige Situationen zum Verhängnis werden, dann schließen Sie für solche Situationen besondere Vereinbarungen ab. Sie haben eine Belohnung wirklich verdient, wenn Sie es schaffen, in einer für Sie besonders schwierigen Situation nicht zu rauchen! Vermeiden Sie notfalls auch solche Situationen für eine Übergangszeit. Machen Sie sich deutlich: Es kommt in der nächsten Zeit vor allem darauf an, den Sprung zum Nichtrauchen zu schaffen und sich an das Nichtrauchen zu gewöhnen. Um sich daran gewöhnen zu können, müssen Sie diesen Schritt erst einmal machen.

Lernen kann man etwas nur, indem man es tut, und nicht dadurch, daß man es vermeidet. Daher sollten Ihnen auch Mittel recht sein, die Ihnen vielleicht ungewöhnlich erscheinen, wenn Sie Ihnen in der ersten Zeit als Nichtraucher behilflich sind.

ZUSAMMENFASSUNG

**Dies waren unsere Ziele
in der fünften Behandlungswoche:**

- **Wenn Sie nicht mehr rauchen:**
  Belohnen Sie sich für Ihre Abstinenz!

- **Wenn Sie noch rauchen:**
  - **Überprüfen Sie Ihren Abstinenzwunsch!**
  - **Schließen Sie neue Verträge.**
  - **Gehen Sie dieses Programm ruhig noch einmal von Anfang an durch.**

Die sechste Woche

Zur Nicotinbehandlung

Nach dem Ende der ersten sechs Wochen als »neuer« Nichtraucher sollten Sie die Nicotinbehandlung nicht sofort absetzen, sondern sich allmählich darauf einstellen, die tägliche Dosis zu verringern. Insgesamt ist es empfehlenswert, die Behandlung über einen Zeitraum von 3 Monaten aufrechtzuerhalten. Damit haben Sie eine wichtige Unterstützung in der schwierigsten Zeit.

Wenn Sie Nicotin-Pflaster anwenden, dann wäre es sinnvoll, ab dem Ende der 6. Woche seit dem Rauchstopp mit der Verringerung der Nicotindosis zu beginnen. Dies kann aber auch später in Angriff genommen werden, wenn Sie sich noch nicht sicher fühlen. Verwenden Sie hierzu für ca. 2-3 Wochen Nicotin-Pflaster der nächstkleineren Stärke. Nach diesem Zeitraum setzen Sie für weitere 2-3 Wochen das Pflaster der geringsten Stärke ein.

Auch das Nicotin-Kaugummi können Sie nun allmählich immer seltener anwenden. Achten Sie in den kommenden Wochen darauf, daß die zeitlichen Abstände zwischen den einzelnen Kaugummianwendungen immer größer werden. Bis zum Ende der ersten drei Monate benützen Sie damit immer weniger Kaugummis und sind danach »nicotinfrei«.

Für das Nicotin-Nasal-Spray gilt Ähnliches wie fürs Nicotin-Kaugummi: Achten Sie darauf, allmählich die Dosis zu reduzieren, verwenden Sie immer weniger Dosierungen, bis Sie schließlich „nicotinfrei“ sind.

Wenn Sie zuvor sehr viel Zigaretten pro Tag geraucht haben, wenn Sie sehr stark abhängig sind, lassen Sie sich bei der Reduktion etwas mehr Zeit, Sie verbessern damit Ihre langfristigen Erfolgschancen!

Wenn Sie sehr stark abhängig waren und weiterhin noch unter gelegentlich auftretendem Rauchverlangen leiden, setzen Sie die Nicotinbehandlung einfach fort, sie ist im Vergleich mit dem Rückfall immer noch das geringere Übel.

Sie haben während des Raucherentwöhnungskurses viel erreicht. Wenn Sie es geschafft haben, Nichtraucher zu werden, haben Sie allen Grund, stolz auf sich zu sein. Aber auch, wenn es Ihnen gelungen ist, während der letzten Wochen Ihren Zigarettenverbrauch deutlich zu reduzieren, ist das ein Erfolg, über den Sie sich freuen dürfen.

1a Wenn Sie nicht mehr rauchen

Gehen Sie nicht einfach zur Tagesordnung über. Die Erfahrung hat gezeigt, daß es wichtig ist, das Nichtrauchen zu festigen, um Rückfälle zu vermeiden. Die folgenden Vorschläge sollen Ihnen helfen, sich vor Rückfällen zu schützen:

- Schließen Sie langfristig weitere Vereinbarungen ab.
- Belohnen Sie sich mit etwas Besonderem, wenn Sie eine bestimmte Zeit (4 Wochen, 3, 6 oder 12 Monate) Nichtraucher geblieben sind.
- Verpflichten Sie sich zur Zahlung eines spürbaren, sich steigernden Geldbetrags für jede Zigarette, die Sie doch wieder rauchen.
- Rechnen Sie damit, daß Sie öfter in Versuchung kommen werden, wieder zu rauchen. Sagen Sie sich in einer solchen Situation, daß dies der Moment ist, auf den es ankommt, und daß Sie auf jeden Fall stark bleiben.
- Loben Sie sich dann innerlich, in dieser Situation Nichtraucher geblieben zu sein.
- Halten Sie auch weiterhin Kontakt zu Ihrem Kurshelfer.
- Teilen Sie ihm Ihre Erfolge, aber auch mögliche Mißerfolge, mit.

Vertreten Sie nicht nur passiv, sondern aktiv und selbstbewußt Ihre neue Rolle als Nichtraucher.

Sie brauchen nicht militant aufzutreten, machen aber nach außen deutlich, daß Sie nun Nichtraucher sind und auch zu bleiben gedenken. Dies ist vor allem in Situationen hilfreich, in denen andere Sie zum Rauchen verleiten wollen.

Lernen Sie, sich bewußt zu entspannen. Dann brauchen Sie auch in Situationen, in denen Sie nervös und unruhig sind, nicht zur Zigarette zu greifen. Nutzen Sie die Möglichkeiten, die das Entspannungstraining bietet.

Beachten Sie auch weiterhin die Ernährungstipps. Sie vermeiden damit eine unnötige Gewichtszunahme und unterstützen den positiven Effekt des Nichtrauchens auf Ihre Gesundheit.

Wenn es doch zu einem Rückfall kommt, bedenken Sie:

Rückfall heißt nicht gleich Mißerfolg! Wenden Sie gleich nach den ersten Zigaretten, die Sie geraucht haben, die im Kurs gelernten Techniken wieder an:

- Füllen Sie eine Tageskarte und eine Registrierkarte aus.
- Bestimmen Sie einen neuen Nichtrauchertag.
- Belohnen Sie sich für einen erneuten Erfolg.

Wenn Sie nicht mehr rauchen, bitte auf Seite 124 weiterlesen.

1b Wenn Sie immer noch rauchen

Versuchen Sie in der kommenden Woche nochmals, eine Nullvereinbarung zu treffen.

Wenn Ihnen dies mißlingt oder noch zu schwierig erscheint, ist das noch kein Grund aufzugeben! Bedenken Sie, daß Sie während des Kurses Techniken gelernt haben, die Sie jederzeit selbständig weiter anwenden können.

Arbeiten Sie dieses Programm noch einmal von Anfang bis Ende durch. Berücksichtigen Sie dabei die Erfahrungen, die Sie während des ersten Durchgangs gemacht haben.

- Führen Sie die Registrierkarte weiter.
- Führen Sie nochmals eine Tageskarte.
  Achten Sie dabei besonders auf schwierige Situationen.
- Ergänzen und erweitern Sie die Motivationskarte.
  Machen Sie sich nochmals deutlich, was Ihre Gründe sind, Nichtraucher zu werden.
- Treffen Sie Vereinbarungen über Ihre Vorsätze.
- Belohnen Sie sich für Ihre Erfolge.
- Überprüfen Sie, ob nicht eine andere Form oder höherdosierte Nicotinsubstitution Ihnen mehr helfen könnte.

ZUSAMMENFASSUNG

Dies sind die abschließenden Ziele des Programms:

- **<u>Wenn Sie nicht mehr rauchen</u>:**

  Gehen Sie nicht zur Tagesordnung über, wenden Sie das Gelernte weiter an!

  Verwenden Sie in der ersten Phase weiter Nicotinersatzmittel zu Ihrer Unterstützung!

- **<u>Wenn Sie noch rauchen</u>:**

  Treffen Sie in der kommenden Woche nochmals eine Nullvereinbarung!

  Arbeiten Sie dieses Programm nochmals durch!

Sie können es auf jeden Fall schaffen, Nichtraucher zu werden und zu bleiben!

Vereinbarung

Hiermit treffe ich: ______________________

mit Herrn/Frau: ______________________

folgende Vereinbarung (zutreffendes ankreuzen):

☐ **Ich verpflichte mich, ab dem .... nicht mehr zu rauchen!**

☐ **Ich verpflichte mich, weiterhin nicht mehr zu rauchen!**

☐ Ich hinterlege DM .... gegen Quittung bei meinem Kurshelfer, die ich zurückerhalte, wenn ich die ABSTINENZ einhalte. Gelingt mir dies nicht, fällt dieser Betrag an meinen Kurshelfer.

☐ Ich hinterlege bei meinem Kurshelfer einen Gutschein über die folgende Dienstleistung:

____

Wenn ich die Vereinbarung einhalte, erhalte ich den Gutschein zurück.

Falls ich die Vereinbarung verletze, erbringe ich am .... um .... Uhr die vertraglich festgelegte Dienstleistung:

Wenn ich mein Ziel erreicht habe, werde ich mich folgendermaßen belohnen:

____

In meinem eigenen Interesse werde ich wahrheitsgetreue Angaben machen.

....	....
Ort	Unterschrift
....	....
Heutiges Datum	Unterschrift Kurshelfer

Vereinbarung

Hiermit treffe ich:

mit Herrn/Frau:

folgende Vereinbarung (zutreffendes ankreuzen):

☐ **Ich verpflichte mich, ab dem ………………………… nicht mehr zu rauchen!**

☐ **Ich verpflichte mich, weiterhin nicht mehr zu rauchen!**

☐ Ich hinterlege DM ………………………… gegen Quittung bei meinem Kurshelfer, die ich zurückerhalte, wenn ich die ABSTINENZ einhalte. Gelingt mir dies nicht, fällt dieser Betrag an meinen Kurshelfer.

☐ Ich hinterlege bei meinem Kurshelfer einen Gutschein über die folgende Dienstleistung:

Wenn ich die Vereinbarung einhalte, erhalte ich den Gutschein zurück.

Falls ich die Vereinbarung verletze, erbringe ich am ………………………… um ………………… Uhr die vertraglich festgelegte Dienstleistung:

Wenn ich mein Ziel erreicht habe, werde ich mich folgendermaßen belohnen:

In meinem eigenen Interesse werde ich wahrheitsgetreue Angaben machen.

…………………………	…………………………
Ort	Unterschrift
…………………………	…………………………
Heutiges Datum	Unterschrift Kurshelfer

Vereinbarung

Hiermit treffe ich: [ ]

mit Herrn/Frau: [ ]

folgende Vereinbarung (zutreffendes ankreuzen):

☐ **Ich verpflichte mich, ab dem .... nicht mehr zu rauchen!**

☐ **Ich verpflichte mich, weiterhin nicht mehr zu rauchen!**

☐ Ich hinterlege DM .... gegen Quittung bei meinem Kurshelfer, die ich zurückerhalte, wenn ich die ABSTINENZ einhalte. Gelingt mir dies nicht, fällt dieser Betrag an meinen Kurshelfer.

☐ Ich hinterlege bei meinem Kurshelfer einen Gutschein über die folgende Dienstleistung:

[ ]

Wenn ich die Vereinbarung einhalte, erhalte ich den Gutschein zurück.

Falls ich die Vereinbarung verletze, erbringe ich am .... um .... Uhr die vertraglich festgelegte Dienstleistung:

Wenn ich mein Ziel erreicht habe, werde ich mich folgendermaßen belohnen:

[ ]

In meinem eigenen Interesse werde ich wahrheitsgetreue Angaben machen.

....	....
Ort	Unterschrift
....	....
Heutiges Datum	Unterschrift Kurshelfer

Vereinbarung

Hiermit treffe ich: ____________________

mit Herrn/Frau: ____________________

folgende Vereinbarung (zutreffendes ankreuzen):

☐ **Ich verpflichte mich, ab dem .... nicht mehr zu rauchen!**

☐ **Ich verpflichte mich, weiterhin nicht mehr zu rauchen!**

☐ Ich hinterlege DM .... gegen Quittung bei meinem Kurshelfer, die ich zurückerhalte, wenn ich die ABSTINENZ einhalte. Gelingt mir dies nicht, fällt dieser Betrag an meinen Kurshelfer.

☐ Ich hinterlege bei meinem Kurshelfer einen Gutschein über die folgende Dienstleistung:

____

Wenn ich die Vereinbarung einhalte, erhalte ich den Gutschein zurück.
Falls ich die Vereinbarung verletze, erbringe ich am .... um .... Uhr die vertraglich festgelegte Dienstleistung:

Wenn ich mein Ziel erreicht habe, werde ich mich folgendermaßen belohnen:

____

In meinem eigenen Interesse werde ich wahrheitsgetreue Angaben machen.

....	....
Ort	Unterschrift
....	....
Heutiges Datum	Unterschrift Kurshelfer